LIMOGES

HUMBLE & REBELLE

HUMBLE & REBELLIOUS

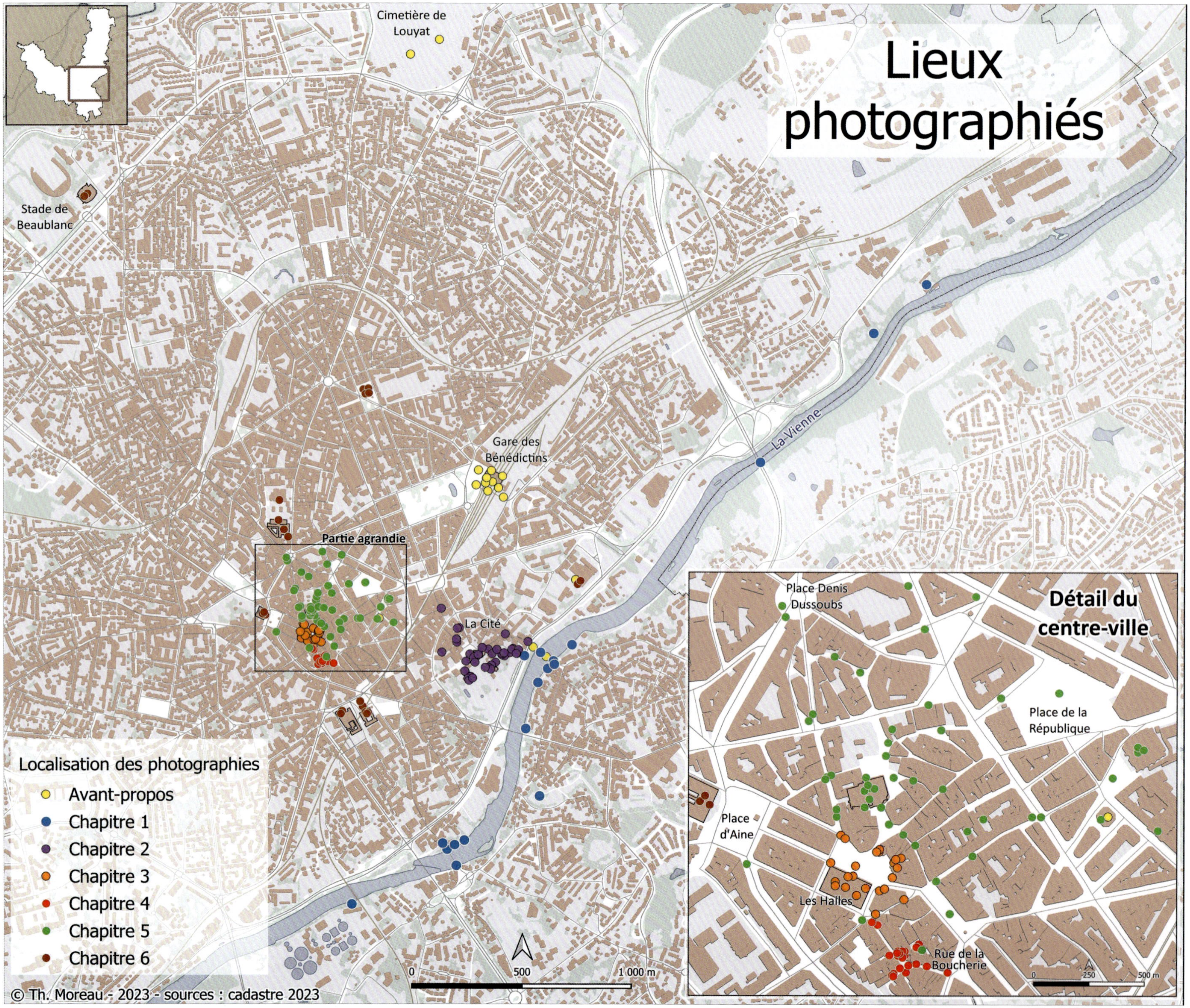
Lieux photographiés
Cimetière de Louyat
Stade de Beaublanc
Gare des Bénédictins
La-Vienne
Partie agrandie
La Cité
Détail du centre-ville
Place Denis Dussoubs
Place de la République
Place d'Aine
Les Halles
Rue de la Boucherie
Localisation des photographies
Avant-propos
Chapitre 1
Chapitre 2
Chapitre 3
Chapitre 4
Chapitre 5
Chapitre 6
0
500
1 000 m
0
250
500 m
© Th. Moreau - 2023 - sources : cadastre 2023

2

LIMOGES

HUMBLE & REBELLE
HUMBLE & REBELLIOUS

PHOTOGRAPHIES **CHANEL KOEHL**

TEXTES **VINCENT BROUSSE**

SOMMAIRE
Contents

PRÉFACE DU MAIRE

Preface by the Mayor of Limoges

Humble et rebelle ! Deux qualificatifs qui vont bien à Limoges et à ce délicieux livre de photographies, qui montrent avec beauté les richesses de cette ville construite par les Romains, puis détruite à plusieurs reprises au cours du Moyen Âge. Elle a vu sa population se renouveler avec et autour des Lémovices. Humble car consciente de ses capacités qui sont nombreuses, mais aussi au fil du temps une propension à se méjuger et à se dénigrer, oubliant la richesse de son patrimoine historique, de sa culture, des capacités de sa population, de leur engagement et de leur intelligence créatrice ou sociale. Rebelle car elle a su se relever de ses cendres, se rebâtir, se rénover, inventer : des arts du feu à la photonique, du catholicisme au communisme et du servage à l'émancipation sociale avec le syndicalisme et les mutuelles. Elle porte un tissu industriel riche et innovant avec comme chef de file Legrand et la recherche de son université, créée en 1967 par le général de Gaulle.

Renaissance, rénovation, restauration, création tant artistique qu'industrielle ou culturelle et sociale, tels sont nos engagements pour qu'à nouveau la ville rayonne. Ambition pour le futur et conscience de nos moyens, de la nécessité de gérer au plus juste pour faire rayonner notre ville et protéger ses habitants sont les pistes d'un futur possible. Protéger nos citoyens, entretenir, rénover et reconstituer notre patrimoine représente un challenge bien mis en valeur par le talent plein d'intelligence et de sensibilité de l'artiste photographe.

Au cours du voyage que représente la lecture de ce riche ouvrage, vous y verrez la beauté d'une ville à la campagne, avec la splendeur de ses bâtiments rénovés, de ses souterrains, de ses rivières. Des bords de la Vienne, plus de vingt siècles vous contemplent !

D'Augustoritum à Limoges, laissez-vous porter par la lumineuse beauté des photographies et de la richesse protectrice de notre environnement.

Fier d'être Limougeaud !

Émile Roger Lombertie
Maire de Limoges

CEUX QUI M'AIMENT PRENDRONT LE TRAIN

*Those who love me can take the train**

La ville de Limoges – 45 degrés 83 nord de latitude, 1 degré 26 est de longitude – est quasi équidistante entre l'équateur et le pôle nord, mais un tout petit peu plus au nord. Cette cité du nord de l'Occitanie est la plus septentrionale de ce « Midi », de ce « Sud » dont elle est l'avant-poste. L'ancien foyer des troubadours, ces musiciens et compositeurs en langue occitane qu'on a quelque peu oubliés : Bertrand de Ventadour, et tant d'autres..., est toujours plus au nord que Toulouse, Brive, Montauban, Cahors, Albi, Marseille ou Perpignan, de cette Occitanie qui descend jusqu'en Catalogne. Plus au nord, de peu, que Clermont-Ferrand ou encore de Lyon, qui apparaissent comme très au nord justement pour ces habitants du Midi...

Le Limousin éblouit le voyageur britannique Arthur Young (1741-1820), un peu avant la Révolution française... Agronome, explorateur et scientifique, cette personnalité excentrique parcourt la France à trois reprises, juché sur une jument aveugle. C'est lors de son premier voyage en juin 1787 qu'il découvre la région, enchanté par la beauté des paysages, au fur et à mesure de son approche de Limoges sur la route royale depuis le nord.

La gare des Bénédictins a été élue plus belle gare de France en 2022.
En 1929, les Limougeauds l'ont comparée à un minaret.

Despite being voted France's most beautiful train station in 2022, the old station of the Compagnie du Paris-Orléans (Paris-Orleans railway company) was likened to a mosque and its minaret by the people of Limoges after its facelift in 1929.

« *En allant à Limoges, nous passons un autre lac artificiel* [sans doute l'étang du Gouillet, au sud-est de Razès]. *Au-delà sont des hauteurs d'une plus grande étendue, mais entremêlées dé plaisantes vallées : encore un autre lac plus beau que le premier, supérieurement environne d'arbres* [étang de la Crouzille]*; à travers une montagne couverte de châtaigniers, qui commande une scène d'une nature toute différente de toutes celles que j'ai vues en France ou en Angleterre, une longue chaîne de collines et de vallées toutes couvertes de bois et bornées par des montagnes éloignées. Pas la moindre trace d'une habitation* [...] *pas la moindre fumée pour donner l'idée d'un pays habité; une scène de l'Amérique assez déserte pour le tomahawk du Sauvage.* [...] *Nous poussâmes jusqu'à Limoges.* » (Arthur Young, *Travels in France*, 1787.)

* The title of a film released in 1998, starring Jean-Louis Trintignant, Charles Berling & Valeria Bruni-Tedeschi. The film follows a group of friends of a recently deceased artist as they take the train to Limoges, where he had requested be buried.

« *Bon. Et Limoges, alors ? Pourquoi Limoges ?*
— Il y a le caveau de la famille... ça sera plus pratique.
— Pas pour tes amis, pas pour ceux qui t'aiment... C'est loin Limoges.
— Eh bien, ceux qui m'aiment prendront le train, et puis voilà... » rétorque l'artiste-peintre Jean-Baptiste Emmerich, interprété par l'acteur Jean-Louis Trintignant, dans le film de Patrice Chéreau *Ceux qui m'aiment prendront le train* (1998).
Cet échange, la scénariste Danièle Thompson l'a eu cinq ans auparavant avec le cinéaste François Reichenbach (1921-1993), sur son lit de mort. Il a choisi sa ville natale et son immense cimetière de Louyat comme lieu de sépulture. Il n'imagine peut-être pas alors qu'il définissait une solitude, un éloignement, une situation géographique reculée, à la fois distante de l'océan, des montagnes enneigées, des frontières européennes et de la capitale... Un lieu refuge aussi, protecteur... Quelques années plus tard, Danièle Thompson s'inspirera de leur échange pour le film qu'elle coécrira avec un autre cinéaste, Patrice Chéreau (1944-2013), lui rendant ainsi hommage et mettant en lumière la ville de Limoges, ainsi que son cimetière de Louyat magnifié dans ce long-métrage singulier.

François Reichenbach donc, mais aussi le photographe Izis (1911-1980), de son vrai nom Israëlis Bidermanas, le chanteur Serge Gainsbourg (1928-1991) et le photographe de cinéma Emmanuel Lowenthal (1896-1959), tous découvrent à Limoges une solidarité, une fraternité, lors des persécutions antisémites de la Seconde Guerre mondiale. Des milliers de juifs français, lituaniens, polonais, ruthènes, russes et ukrainiens se réfugient dans cette ville, l'une des plus au nord de la zone libre... Près de dix mille, estime l'historien Bernard Pommaret.

Les lichens et les mousses donnent aux pierres tombales des airs de camouflage.

Lichen and moss camouflage the gravestones.

Le granite du Limousin et les plaques de porcelaine définissent bien le caractère du cimetière de Louyat.

Limousin granite and porcelain plaques define not just the character of the Louyat cemetery, but that of the Limousin region too.

Peu de villes peuvent se targuer d'avoir suscité et… permis – sans trop protester – la création d'un verbe très souvent conjugué. On est *limogé,* terme ironiquement apparu dans un troquet de la rue du Temple, lorsqu'on est rétrogradé, déchu, démis de ses fonctions. Ou envoyé en pénitence, en observation, à la suite d'une disgrâce.

« Frapper une personne haut placée d'une mesure de disgrâce », dit Wikipédia, le dictionnaire moderne du XXIe siècle. *« Priver un officier, un fonctionnaire, de son emploi, par révocation, déplacement, etc. »* dit le *Petit Larousse*. *« Destituer, révoquer, disgracier »* donne comme synonymes *Le Robert*.

Un nom commun aussi, *limogeage*, vraiment péjoratif. « *Henri Langlois n'est plus du fait d'une récente décision gouvernementale, directeur de la Cinémathèque. Cette décision provoque un tonnerre de protestation* […] *Tant de bruit pour le limogeage d'un inconnu ?* » écrit un bien mal inspiré journaliste du *Nouvel Observateur*, le 14 février 1968. Langlois n'ira pas à Limoges, et sera même réintégré dans ses fonctions.

Et tout ça parce qu'en 1914, le généralissime Joseph Joffre (1852-1931) assigne à résidence à Limoges, une ville du centre de la France, loin du front, les officiers d'état-major qu'il avait relevés de leur commandement au début de la Première Guerre mondiale. Ils sont en fait envoyés dans l'ensemble de la douzième région militaire, dont Limoges est alors la capitale. Dans les faits, seule une petite dizaine sur cent soixante-deux sont *limogés* au sens strict. Dès 1916, dans une revue *Le Poilu*, l'euphonie de *limoger* fait le triomphe du verbe. D'autres sont envoyés à Clermont-Ferrand, Rennes ou Villeurbanne, mais personne ne dit *clermontferrandisé*, *renné* ou *villeurbannisé* !

Cette expression utilisée à l'envi par de nombreux écrivains renvoie souvent à la dimension militaire, comme Maurice Druon dans son roman *Les Grandes Familles*, paru en 1948 : « À *cinquante ans, un militaire est fini. Je ne peux pas le dire trop haut, mais je le pense. On devrait tous les limoger à cet âge-là. Ils sont abrutis par la vie de garnison ou le soleil tropical, les chutes de cheval et le règlement.* »

« Ville où Joffre affecta des généraux jugés incapables » rajoute *Le Robert*.

En résumé, abruti, incapable, disgracieux, fini, destitué, révoqué, rétrogradé, déchu… tel est le sort d'être envoyé à Limoges !

Mais n'est-ce pas dans l'ADN de Limoges que d'être associée à une espèce de modestie, de sous-estimation de soi ? Peu d'habitants des métropoles contemporaines passent autant d'énergie à l'autodénigrement. Et pourtant, l'ancienne capitale d'une région – « province », aurait-on dit avant la Révolution française ou jusqu'aux lois de décentralisation – a vu le nom du Limousin, associé à trois items plutôt mélioratifs.

La *Limousine,* au départ un véhicule à traction animale, avec une séparation entre le conducteur et les passagers, est devenue une grande voiture avec chauffeur, un véhicule haut de gamme, avec cloison entre les habitacles conducteur et passager. Une marque du luxe, surdimensionné, souvent utilisé aux États-Unis. Quelle n'a pas été pas notre surprise d'entendre, un jour à la radio, l'expression *« gauche limousine »* pour désigner les *bobos* démocrates de la côte ouest californienne !

Limousine aussi pour la célèbre race de vache, dont la création du herd-book en 1886 a assuré la préservation et la promotion. On parle dorénavant de charolaise et de limousine pour définir une très belle qualité de viande de bœuf. Et la création du pôle de Lanaud, au sud de Limoges, dont l'architecte est Jean Nouvel, permet de faire rayonner l'image de l'excellence. C'est plus qu'un hommage mérité à ce qui aurait pu ne pas se concrétiser à la fin du XIXe siècle… Il aura fallu l'obstination de Léon Reclus et du préfet de l'époque pour permettre à cette seconde race bovine de ne pas être confondue avec la blonde d'Aquitaine et de succéder, quatre ans plus tard, au premier herd-book, le charolais, datant de 1882.

Limousine, encore et enfin, mais le terme est plus que désuet aujourd'hui, pour une espèce de pèlerine en grosse laine ou en poil de chèvre, que les rouliers portaient et dont on se servait dans les froides campagnes limousines. *« Grande cape des bergers limousins »,* dit notre dictionnaire XXIe siècle. On retiendra pour l'heure qu'entre le luxe démesuré et la modeste cape pèlerine, nombreux sont les Limougeauds à se retrouver plus dans la deuxième proposition. N'a-t-on pas entendu, moult fois, dire ici *« qu'à Limoges, il ne fallait pas rouler sur motorisé »* ? Sous-entendu, il ne convient pas d'afficher une trop grande réussite…

Le four des Casseaux est un véritable hommage aux artisans et aux industriels, qui ont fait la renommée de la porcelaine de Limoges dans le monde entier. Vue en perspective du laboratoire, partie basse du four des Casseaux. Les alandiers ou foyers, huit au total, y recevaient 13 tonnes de charbon par cuisson.

The Casseaux kiln pays tribute to the craftsmen and manufacturers who made Limoges porcelain famous throughout the world. The lower part of of the kiln is shown here in perspective. The alandiers or hearths, eight in total, required 13 tonnes of coal per firing.

REVENONS AU TITRE CHOISI pour cet avant-propos : *Ceux qui m'aiment prendront le train*. Et ceux qui prendront le train arriveront dans l'une des belles plus gares de France ! Comme Lyon, Limoges possède deux gares, l'autre étant celle de Montjovis, dont peu se souviennent qu'elle a joué un rôle d'importance pour la porcelaine. On ne peut comprendre cette ville si on ne sait pas deux choses. Primo, avant 1914, Limoges est classée au 17e ou 18e rang des villes de France pour sa population, grappillant des places à chaque recensement depuis le milieu du XIXe siècle. Secundo, elle est en 1911 la capitale d'un département parmi les dix plus jeunes du pays, dans une région qui compte alors près d'un million d'habitants. La ville bénéfice donc d'un niveau d'équipement en gares, mairie, préfecture, hôpital, largement plus conséquent qu'une ville de 130 876 habitants aujourd'hui. Le poids relatif du Limousin est lui passé de 2,5 % de la France métropolitaine à 1,1 % aujourd'hui, et Limoges est redescendue au 28e rang.

Mais revenons à la superbe gare des Bénédictins, édifiée en 1929 par l'architecte Robert Gonthier (1884-1978). Le cinéaste Jean-Pierre Jeunet la choisit comme élément de décor pour le tournage du film publicitaire du parfum Chanel N° 5 : l'actrice Audrey Tautou, en gare de Limoges, monte dans… l'Orient-Express pour arriver à Constantinople, sur les rives du Bosphore !

La gare des Bénédictins occupe la place proche d'un ancien couvent, devenu caserne. Une léproserie se trouvait également dans ce quartier.

The Benedictins train station is built close to the site of a former convent that subsequently became a barracks. The area also housed a leper colony.

La gare est indissociable de l'image de la ville, de son skyline comme on dit, sa « ligne d'horizon ».

The train station is inseparable from the image of the city, its skyline is, as we say, its "horizon line".

« *Que dirait ce chantre des voies ferrées* [...] *le grand Émile Verhaeren (1855-1916)? Aux feux verts et rouges, gros yeux qui luisent sur tous les réseaux du monde, s'ajoutèrent ici, pour la première fois, ces deux d'un violet incertain et qui sont comme chargés de toute l'angoisse des nuits ferroviaires.* [...] *Quand, à cette heure de la nuit, le voyageur quitte la gare, il aborde une ville qui lui apparaîtra sans doute comme toutes les autres, s'il ne pense qu'à gagner l'un des hôtels tout proches. Mais s'il est incertain ou s'il est curieux, s'il s'attarde tant soit peu* [...] *ce voyageur apercevra les signes d'une vie nocturne dont il n'avait certainement pas le soupçon.* »

André Salmon, *Le Secret de Barataud*, 1934.

Huit voies et quais attestent l'importance du trafic de l'époque.

There are eight sets of tracks and platforms that testify to the significant amount of rail traffic at the time.

Les vitraux de Francis Chigot (1879-1960) lui donnent un air Art déco.

Francis Chigot's stained glass windows give the station an Art Deco look.

La verrière de la gare est réalisée par Francis Chigot, grand artiste du verre.

The station's glass roof was executed by master glazier Francis Chigot.

La coupole de la gare magnifie les provinces Gascogne, Bretagne, Touraine et Limousin. Ces dernières attestent l'ancrage occidental de Limoges.

The station's dome glorifies the French provinces of Gascony, Brittany, Touraine and Limousin. The latter attests to Limoges' position in the west of France.

Au-delà de cette étonnante dissonance entre l'émerveillement de l'écrivain André Salmon (1881-1969) ou du cinéaste Jean-Pierre Jeunet, et l'image négative du terme limoger, nous reviendrons plus tard sur le nom de *Limoges* pour la porcelaine, si peu présente, *in fine*, aux yeux du visiteur étranger et du touriste, revenons à la géographie par laquelle nous avions commencé.

« Le voyageur que son itinéraire amène en gare de Limoges aux environs de deux heures du matin peut, si l'arrêt du train l'a brusquement arraché au sommeil, se demander s'il rêve encore ou bien si quelque train-fée ne l'a pas porté bien au-delà, en quelque station du centre de l'Europe. Un modernisme achevé a fait de la nouvelle gare de Limoges un modèle de perfection internationale. Les bois clairs y sont soutenus de nickel. Les vieux velours des salles d'attente l'ont cédé à des cuirs tendres. Fer et ciment dessinent d'audacieuses courbes de cathédrale industrielle. Par-dessus tout, le spectacle des voies à l'infini, semble-t-il, a de quoi réconcilier, dans une identique admiration, l'ingénieur au cerveau farci d'algèbre et l'artiste le plus rebelle aux formes trop convenues. »

André Salmon, *Le Secret de Barataud*, 1934.

La gare surprend les voyageurs dès son ouverture, à l'image du chroniqueur judiciaire, André Salmon, auteur, poète et découvreur de Picasso.

The station concourse has surprised all travellers to the city from the moment it first opened, as it did André Salmon, journalist, author and poet. He was the person who discovered Picasso.

P
Parking
AVIS
Europcar

UNE RIVIÈRE ET SEPT PONTS

One river and its seven bridges

LIMOGES DOIT SA CRÉATION À plusieurs facteurs géographiques conjugués, quelque peu oubliés. Tout d'abord, le site naturel est formé de coteaux orientés au sud et au sud-ouest, là où la ville gallo-romaine s'est exclusivement développée, avec la Vienne en contrebas. De plus, la présence d'un gué (en celte *ritos*, *ritum*) sur la Vienne, du côté de la Roche-au-Gô, permet le franchissement l'été à cheval ou à pied. Et l'écoulement de deux ruisseaux devenus souterrains, L'Aigueperse en amont et de l'Enjoumard en aval, tous les deux sur la rive droite, a joué un rôle considérable pour approvisionner la ville en eau.

La ville doit aussi son existence à l'importance d'un réseau hydrographique qui fragmente et individualise un plateau. Limoges s'est déployée entre Vienne et Aurence, un autre affluent de la rive droite, situé plus au nord-ouest. L'Aurence est de surcroît une rivière aurifère, autre atout longtemps exploité. Le site de confluence entre les deux rivières se trouve plus à l'ouest, du côté d'Aixe-sur-Vienne, à quelques kilomètres seulement.

Enfin, Limoges occupe une situation intermédiaire entre l'océan Atlantique, à l'ouest, et Lyon *(Lugdunum)*, à l'est, sur une ancienne route du sel. Et c'est un point de croisement nord-sud avec la voie Agrippa est-ouest, qui est proche aussi d'un ancien oppidum, du côté de Villejoubert, près de Saint-Denis-des-Murs.

Affluent de la Loire, de sa rive gauche, le plus important en débit, la Vienne s'étale sur un peu plus de 363 kilomètres depuis le plateau de Millevaches (les mille *vatz*, les mille sources, a-t-on souvent entendu... en Corrèze), jusqu'à la confluence avec le fleuve, vers Saumur et Chinon.

Du mont Audouze, sur le plateau, situé à 956 mètres d'altitude, jusqu'à Candes-Saint-Martin, en Indre-et-Loire, à 30 mètres au-dessus du niveau de l'océan, elle descend en pente douce, des paysages vides et tourmentés de la lande corrézienne jusqu'à la sage plaine de Touraine, traversant des paysages fort divers.

La Vienne se différencie des autres cours d'eau de l'ouest du Massif central, tels que le Lot, la Dordogne, la Vézère ou le Tarn qui, eux, se jettent dans la Garonne ou son estuaire. Tropisme septentrional, qui la détourne du Midi, un peu comme Limoges...

Avant Limoges, le ruisseau devient rivière, après avoir reçu comme affluents la Maulde et le Taurion, puis le modeste ruisseau du Palais. La Vienne arrive dans la cité, laissant sur sa rive droite un moulin du XVIe siècle, ancien poudrier, devenu un lieu de réception prisé. Ce moulin à poudre s'apprécie plus encore depuis la rive gauche, côté Panazol.

« S'écoulant entre le plateau de Millevaches et la plaine de Touraine, la Vienne a la particularité de traverser des paysages extrêmement diversifiés. Elle prend sa source en Corrèze [...] à partir de quatre à cinq petits ruisseaux, au pied du mont Audouze, à une altitude comprise entre 860 et 895 mètres, entre les communes de Saint-Setiers, Millevaches et Peyrelevade. »

Laurent Bourdelas, *Le Grand Dictionnaire du Limousin*,
La Geste éditions, 2018.

D'abord moulin à farine, le moulin du Poudrier devient sous Louis XIV un moulin de fabrication de poudre à canon. Il sera ensuite une usine de porcelaine, puis une filature. Acquis en 1998 par Jacques Vigneras, il est restauré par Paolo Del Vecchio. Le moulin du Poudrier sert aujourd'hui d'espace pour des événementiels, tels que des mariages ou des anniversaires. Il a été mis en valeur dans l'émission présentée par Karine Lemarchand, L'Amour est dans le pré.

Initially built as a flour mill, the Poudrier mill then became, as its name would suggest, associated with gunpowder manufacturing under Louis XIV. It then became a porcelain factory and finally a wool-spinning mill before being accquired in 1998 by Jacques Vigneras. It was then restored to its former glory by Paolo Del Vecchio.

Le toponyme Vienne viendrait de l'occitan *Vinhana*, *Vingenna* au VIᵉ siècle, ou de *Vinzenna*, *Vincenna*, nom d'origine préceltique. Le radical *Vig* se retrouve dans la rivière la Vige, un affluent du Taurion. Avant d'arriver à Limoges, la Vienne a couru à travers les départements de la Corrèze, puis de la Creuse. La rivière a donc traversé successivement les cités ou bourgades d'Eymoutiers, Saint-Léonard-de-Noblat, Saint-Priest-Taurion, puis Le Palais-sur-Vienne.

La rivière joue pendant longtemps un rôle fondamental pour approvisionner Limoges en bois, au moins jusqu'au tout début du XXᵉ siècle. Le bois sert pour la construction des maisons puis, à partir de la découverte du kaolin, pour alimenter les nombreux fours à porcelaine de la cité industrielle. Les ramiers qui arrêtent les troncs en amont du pont Saint-Étienne sont alors un élément fondamental du paysage de la rivière. Les naveteaux, les travailleurs réceptionnant et récupérant le bois, accrochent les troncs d'arbre au fil de l'eau, avec un lancis, sorte de crochet. Le flottage de bois se fait à bûche perdue, c'est-à-dire en comptant sur le courant de la rivière pour transporter de manière empirique le bois, depuis la montagne limousine.

Édifié à la fin du XIXᵉ siècle, le château du Carrier a tout d'abord été le domaine du Bas-Carrier, appartenant à la famille Lamberterie au XVIIIᵉ siècle. Il est ensuite, pendant longtemps, la propriété de la famille des transporteurs Bernis, entreprise de camions.

Built at the end of the 19th century, Carrier castle began life as part of the Bas-Carrier estate, owned by the Lamberterie family during the 18th century. It was then for a long time owned by the lorry-owning Bernis family.

Le premier pont sous lequel coule la Vienne, à l'entrée de la ville, est celui de l'A20, construit à la fin des années 1980. Cette route à deux fois deux voies succède, dans son tracé haut-viennois, à l'antique RN20 ou route royale... Ce pont n'a pas de nom, d'aucuns avaient suggéré Louise Michel, pour honorer cette militante libertaire qui avait vu son nom de rue disparaître sous Vichy.

Le pont de l'A20 vu depuis la rive gauche. Les piétons des bords de Vienne jouxtent les flux routiers juste au-dessus.

The A20 motorway bridge from the left bank where it crosses the Vienne River. Pedestrians encounter motorway traffic upriver from the bridge.

Deuxième pont, l'un des plus anciens, le pont Saint-Étienne, datant du début du XIIIe siècle. Au pied de la cité épiscopale, il est pendant longtemps le pont le plus en amont de Limoges, permettant de relier Lyon à Limoges. Long de 120 mètres environ, il permet alors aux habitants de la cité de ne plus dépendre du pont Saint-Martial, relié quant à lui au Château. Au pied de ce pont, le ramier du port du Naveix arrête la flottaison des bois descendant le cours de la Vienne depuis le plateau. Ce bois est destiné à la construction, puis à l'alimentation des fours de porcelaine jusqu'au triomphe du charbon.

Le pont Saint-Étienne se situe sur un des chemins de Saint-Jacques-de-Compostelle, la via Lemovencis. Depuis plus de 800 ans, il est emprunté et traversé par des pèlerins.

Saint-Étienne Bridge is located on the Via Lemovencis, one of the routes that has taken pilgrims, for more than 800 years, to Santiago de Compostela.

IL N'EST PAS ANODIN DE RELEVER que, dans le récit *Le Capitaine des Meurt-de-Faim* d'Auguste Clément, daté de la fin du XIXe siècle, l'insurrection ouvrière et républicaine de juin 1816, lors de la Restauration monarchique, se situe au débouché de ce pont, rive droite... L'historien Philippe Grandcoing souligne aussi le rôle important des naveteaux qui ont utilisé leurs lancis dans les insurrections révolutionnaires en 1848-1851.

« *Il est près de dix heures* [du soir], *la nuit est noire, le quartier des ponts est silencieux. Les jeunes filles qui, chaque soir, chantent leurs litanies devant les madones placées au coin des rues ont cessé leurs pieuses psalmodies.* [...] *Des portes s'ouvrent doucement, il en sort un homme pieds nus ; c'est un naveteau armé de son terrible lancis, il rase les murailles et se rend vers la rivière ; s'il rencontre un autre naveteau, il se rapproche de lui et tous deux suivent le même chemin sans dire un mot. Le long de la berge, les hautes piles de bois s'allongent parallèlement, les intervalles qui les séparent, larges de trois mètres environ, sont remplis d'hommes réunis par petits groupes et causant à voix basse.* »

Auguste Clément, *Le Capitaine des Meurt-de-Faim, Histoire limousine*, 1895, Les Ardents Éditeurs, 2016.

Le pont Saint-Étienne, photographié depuis la rive droite en aval.

Saint-Étienne Bridge from the right bank downstream.

« Sur la colline, j'ai dressé l'oreille et, alors, j'ai entendu le bruit sourd de la Vienne qui coulait dans la vallée. [...] Certains jours, le murmure de la Vienne parvenait jusqu'à la prairie située du côté gauche du chemin de Babylone. C'est de ce lieu-là, et plus précisément de la petite colline qui s'élève en cet endroit, qu'un jour nous avons aperçu des montagnes dans le lointain. De là, on voyait trois églises anciennes. La plus proche, à notre droite, sur l'autre rive de la Vienne, était la cathédrale Saint-Étienne ; au centre, plus loin, il y avait l'église Saint-Pierre, et, sur la gauche, l'église Saint-Michel. »

Shimazaki Tozon, *L'Étranger*, 1914.

L'évêque qui dominait la cité fait édifier le pont Saint-Étienne à la même période que la reconstruction du pont Saint-Martial.

The bishop who dominated the city of Limoges had Saint-Étienne Bridge built at the same time as the reconstruction of Saint-Martial Bridge.

La cathédrale Saint-Étienne et le pont du même nom, photographiés depuis la rive gauche de la Vienne. Ce panorama iconique s'impose au cours du XIXe siècle comme la représentation classique et populaire de la ville de Limoges.

Saint-Étienne Cathedral and Bridge, photographed from the left bank of the Vienne. This iconic view of the city became symbolic of Limoges in the 19th century.

Au pied de la cathédrale et au débouché du pont Saint-Étienne, le quartier du Rajat était celui des lavandières qui, jusqu'aux années 1920, lavaient le linge en bord de Vienne.

At the foot of the cathedral and at the end of Saint-Étienne Bridge is the Rajat district that was home the washerwomen who, until the 1920's, washed theirs and their clients' clothes on the banks of the Vienne.

Au débouché du pont Saint-Étienne, rive gauche, le restaurant éponyme démontre la prégnance du phénomène Ponticaud.

At the end of the Saint-Étienne Bridge, left bank, the restaurant of the same name illustrates the influence of the Ponticauds. [Translator's note: name given to the inhabitants of the areas of the bridges.]

TROISIÈME PONT, LE PONT NEUF. Anciennement appelé le pont Louis-Philippe, il est bâti lors de la monarchie de Juillet, dans les années 1830, sous la mandature de François Alluaud de 1830 à 1835. Il consacre le début de l'expansion industrielle et urbaine de Limoges avec son extension rive gauche. Situé à égale distance des deux ponts médiévaux, il est constitué de cinq arches dont trois franchissent la Vienne. Deux arches du pont permettent aux piétons, et aujourd'hui aux joggers, de longer les berges.

« Les excroissances de pierre qui parsèment les culées des arches centrales devaient permettre l'installation de grands médaillons sculptés figurant rameaux de chênes et d'oliviers liant les initiales du roi Louis Philippe – d'autres sources parlent d'assiettes de porcelaine. [...] Le projet n'a jamais été concrétisé. »

Lucas Destrem, *Dictionnaire des rues de Limoges*,
Éditions Mon Limousin, 2019.

Le clos Sainte-Marie, rive gauche, était le quartier populaire des Ponticauds. On aperçoit au-dessus le séminaire. Dans un entrelacs de ruelles tortueuses, mêlant jardins et habitats variés et populaires, la rue Traversière-du-Clos-Sainte-Marie illustre ce passé pittoresque.

Clos Sainte-Marie, on the left bank, was the working-class district of the Ponticauds. The School of Theology can be seen above. In a latticework of winding alleys, mingling gardens and a variety of popular habitats. Rue Traversière-du-Clos-Sainte-Marie clearly illustrates this colourful past.

Le pont Neuf, ancien pont Louis-Philippe, est inauguré en 1838, sous le règne de Louis Philippe. Il témoigne de l'extension industrielle et urbaine de Limoges. Dédié à la nouvelle route de Lyon, il accueille une ligne de tramway en juillet 1897, puis une ligne de trolleybus au début des années 1950.

New Bridge, previously known as Louis-Philippe Bridge, was inaugurated in 1838 during the reign of France's last monarch. It testifies to Limoges' industrial and urban growth. Designed for the new Route de Lyon, it accommodated a tramway from July 1897, then after the Second World War, in the early 1950's, the trams were replaced by trolleybuses.

« Le conflit Beaulieu illustre la multiplicité des voix qui se sont élevées pendant les troubles en 1905. Forte de 306 ouvriers et ouvrières, elle apparaît comme une entreprise atypique dans le paysage industriel local. Elle est la dernière à produire des feutres, matière première pour la chapellerie, à partir de poils de lapin. Dès les premiers jours, les ouvriers occupent la rue, bloquent l'entrée de l'usine. La troupe est envoyée. Vingt personnes sont assignées et condamnées pour entrave à la liberté du travail et jets de pierres. L'échec est complet… Seule une heure de travail en moins est obtenue. »

Extrait de l'article d'Anne Manigaud et Annette Marzac dans l'ouvrage 1905, *Le Printemps rouge de Limoges*, Culture et Patrimoine en Limousin, 2005.

La maison Beaulieu borde l'Auzette, affluent de la Vienne, rive gauche. Ancienne maison de la famille Beaulieu, propriétaire d'une peausserie de lapin, elle est, en mai 1905, le théâtre d'une grève.

The former Beaulieu house borders the Auzette, a tributary of the Vienne. It was previously the home of the Beaulieu family, owners of a rabbit-skinning factory that was the scene of a strike in May 1905.

La rivière avec ses aménagements piétonniers, rive droite, et l'île aux oiseaux, rive gauche. On aperçoit l'ancien séminaire de l'Évêché, en haut à droite, bâti avant la Première Guerre mondiale, ainsi que l'un des seuils de la rivière. L'île aux oiseaux a accueilli une usine de talons de chaussures, l'usine Nadalon. Ce site avait été occupé auparavant par un moulin de kaolin, dit Constanty, puis par la fabrique de pâtes et émaux céramiques Habeillon.

The River Vienne with its footpath on the right bank and Île aux Oiseaux (Bird Island) on the left bank. The former School of Theology, built before the First World War, can be seen in the top right beside one of the river's weirs. Bird Island had previously been the site of several industries including the Nadalon factory that made heels for shoes, and before that the Constanty kaolin mill that crushed kaolin to make the hard paste for Limoges' porcelain industry and the Habeillon ceramic enamel manufacturing business.

QUATRIÈME PONT, LE PLUS ANCIEN et le plus court, le pont Saint-Martial, rebâti au XIIIe siècle sur un pont gallo-romain détruit par Henri II de Plantagenêt. Il est le seul moyen de franchir de la Vienne durant des siècles. Dédié au saint patron et premier évêque de la ville, il se situe dans le prolongement du *Cardo Maximus* de la cité romaine, *Augustoritum*. Les vestiges de piles témoignent de fondements de pierre de grand apparat ceinte par des crampons de fer scellés au plomb de l'époque gallo-romaine.

« Notre Arabie aujourd'hui est en liesse, de tous côtés l'on entend chanter d'un air entraînant le gai soleil, l'amour et la jeunesse.
En ce jour d'été, aux ponts c'est la gaité, car des enfants de la Vienne c'est la fête, joyeux vivats. [...]
C'est aujourd'hui la fête de la Vienne, les Ponticauds sur leurs bateaux chantent à perdre haleine ce gai refrain qui célèbre en ce jour la fête des ponts, filles et garçons, chantez, chantez toujours.
Dès le matin, au doux son des chabrettes, passent dans les rues des ponts, jeunes filles et garçons, offrant des fleurs, à leur simple couleur rouge coquelicot, couleur des Ponticauds.
Et le soir sur la Vienne, défilent nos gais bateliers. Ils ont la mine fière nos joueurs et nageurs altiers. [...] »

Chanson de la fin XIXe ou du début du XXe siècle,
jouée par le groupe Rue de la Mauvendière en 1985.

Le pont Saint-Martial donne sur la place Sainte-Félicité où la tradition veut que Molière ait dormi dans une auberge. Le nom de Sainte-Félicité vient d'une ancienne paroisse homonyme.

Saint-Martial Bridge leads on to Place Sainte-Félicité where tradition would have it that Molière once slept in an inn. The name Sainte-Félicité comes from a former parish of the same name.

Le pont Saint-Martial date de l'époque gallo-romaine, il est le plus ancien pont de Limoges. Il se trouve sur un site assez proche du premier gué situé à quelques dizaines de mètres en aval.

Saint-Martial Bridge dates back to Gallo-Roman times and is the oldest bridge in Limoges.

Cinquième pont, en aval du précédent, le pont de la Révolution inauguré en 1885. Il est longtemps le dernier pont routier à franchir la Vienne. Ce viaduc de 138 mètres de long comporte cinq arches dont la hauteur maximale atteint 23 mètres.
Sixième pont, le viaduc ferroviaire de la ligne du Paris Orléans, reliant la capitale à Toulouse. Construit en 1891, il compte vingt-trois arches, dont une majorité sur le sol et mesure 423 mètres de longueur.
Dernier pont, le septième, le plus en aval de la ville, est inauguré sous l'ère d'Alain Rodet en février 2006, et baptisé uniquement en 2014, au début de l'ère d'Émile-Roger Lombertie, du nom de Georges Guingouin. Ce dernier est un grand résistant FTP, *Lou Grand* comme l'ont appelé les camarades maquisards, et aussi l'éphémère maire communiste de 1945 à 1947. Il est sacrifié et poursuivi, traîné dans la boue par la SFIO et la direction du PCF, quelques années plus tard.
Ce pont prolonge le boulevard extérieur sur la rive gauche. Permettant aux piétons de descendre à travers ses piles, il contribue à densifier les promenades urbaines, et à relier ainsi à trois kilomètres de distance le franchissement du pont Saint-Étienne à celui-ci.

Le pont de la Révolution à gauche, et le pont Saint-Martial au centre. Cette photographie est prise depuis l'entrée du pont, rive gauche, en arrivant de la place Parbelle, ancien hameau du Bœuf-Gras. Le pont de la Révolution est appelé « nouveau pont Saint-Martial » jusqu'en 1889. Il prend alors cette dénomination lors du centenaire de la Révolution française. Il est situé au débouché de l'avenue du même nom.

On the left, Revolution Bridge, in the centre Saint Martial Bridge. This photograph was taken from the entrance to the bridge on the left bank, approaching from Place Parbelle, part of the Boeuf-Gras (Fat bullock) hamlet. Revolution Bridge, having previously been known as the New Saint-Martial Bridge until 1889, was renamed during the centenary of the French Revolution. It is located at the end of the avenue of the same name.

Achevé en 1891, le viaduc ferroviaire du Paris-Orléans est le plus haut des ponts et des viaducs franchissant la Vienne à Limoges. Cette photographie est prise depuis la rive gauche, en aval.

Completed in 1891, the Paris-Orléans railway viaduct is the highest of the bridges and viaducts crossing the Vienne at Limoges. The photograph was taken downstream from the left bank.

LE QUARTIER DE LA CITÉ

The Cité quarter

La ville se caractérise depuis longtemps par son caractère bicéphale. Deux centres, deux noyaux coexistent depuis la période médiévale. Limoges est une création romaine, de l'époque d'Auguste, après la conquête qui s'achève vers 51 avant Jésus-Christ. C'est probablement vers 10 avant Jésus-Christ que ce site de franchissement de la Vienne, sur la rive droite, est retenu. On lui donne le nom d'*Augustoritum*, « le gué d'Auguste », à un moment où le premier empereur règne déjà depuis dix-sept ans.

Commençons donc par le premier noyau urbain, en descendant au fil de l'eau : le quartier de la Cité.

Sans qu'on puisse déterminer la date exacte, une ceinture de murailles est construite pour protéger la Cité. Les ruines des monuments romains ont servi à édifier cette fortification, ainsi que le bâti de cet espace. Selon l'historien Georges Veyrinaud, les habitants d'*Augustoritum* auraient fui la ville vers 275 après Jésus-Christ, à la suite d'une invasion barbare, et auraient trouvé refuge autour les vestiges d'un temple dédié au dieu romain Jupiter, sur le site de l'actuelle cathédrale Saint-Étienne. Ce serait aussi le lieu du premier miracle chrétien de la ville.

En effet, selon la légende, reprise dans *La Vita Prolixior* de saint Martial, Valérie, fille du gouverneur de la cité de Limoges, aurait reçu le saint homme dans leur maison. Promise à un haut fonctionnaire romain, la jeune fille refuse de se marier à un païen. Son fiancé la fait décapiter sur-le-champ. C'est alors qu'un miracle se produit : le bourreau est frappé par la foudre divine et meurt. Valérie ramasse sa tête et marche jusqu'au puy Saint-Étienne où saint Martial célèbre la messe. Le saint homme prie pour l'âme de la jeune fille qui meurt dans la paix de Dieu. Selon la tradition, la chapelle Sainte-Valérie, située dans le transept nord de la cathédrale, aurait été construite sur le lieu de la rencontre entre Martial et Valérie. Le jeune fiancé se convertit au christianisme et devient le duc Étienne.

Saint Martial aurait fondé la cathédrale en abattant les dernières statues des dieux païens dans les vestiges du temple, au centre de l'enceinte. La ville se nomme alors *Civitas Lemovicum*, la cité des Lemovices. Après la christianisation, de nombreux édifices religieux sont bâtis autour de la Cité. D'autres attaques, contre la Cité cette fois, ont lieu, notamment en 529 par Théodebert Ier, fils du roi franc Chilpéric Ier. C'est lors de ce combat que Domnolet meurt de ses blessures en défendant la Cité. Un hommage lui est rendu et il est honoré comme un saint.

Prolongement du pont Saint-Étienne, la rue du Pont-Saint-Étienne est une étape sur le chemin de Saint-Jacques-de-Compostelle, el Camino Frances, la via Lemovencis et une voie d'accès au cœur marchand de la Cité. Au début du XIIIe siècle, elle permet de détourner une partie des flux commerciaux qui étaient auparavant concentrés sur le Château via le pont Saint-Martial.

In continuation of Saint-Étienne Bridge, Rue du Pont Saint-Étienne is on both the Camino Francés and the Via Lemovicensis pilgrim routes to Santiago de Compostela. It also served as an access to the commercial heart of the city. Built in the early 13th century, it provided an alternative route for merchants travelling to the city centre, in so doing relieving the castle area and Saint-Martial Bridge of severe congestion.

La place de la Cité, nommée rue Haute-Cité, était le centre vivant de l'ancienne cité épiscopale. Aujourd'hui, cafés, brasseries, restaurants, magasins d'antiquités, horloger, librairie ancienne et recyclerie témoignent encore de la permanence de cette tradition.

Place de la Cité was the vibrant centre of the former Episcopalian city. Today, cafés, brasseries, restaurants, antique shops, a watchmaker, an antique bookshop and a recycling shop maintain the lively atmosphere.

L'Irlandais Irish Pub
OPEN

VAISSEAU PRINCIPAL DE CE QUARTIER, la cathédrale Saint-Étienne est rebâtie sur le site d'une église primitive mérovingienne, puis carolingienne, à partir du XIe siècle. Consacrée par le pape Urbain II le 29 décembre 1095, elle est reconstruite plus de cent cinquante ans plus tard, la première pierre du chevet ayant été posée en 1273.

De style gothique flamboyant, le portail Saint-Jean de la cathédrale Saint-Étienne est le parfait exemple d'un travail riche et délicat. Il est réalisé dans le deuxième quart du XVIe siècle. Les vantaux représentent notamment des scènes du martyr de saint Étienne.

In the flamboyant Gothic style, Saint John's entrance to Saint-Étienne's Cathedral is a perfect example of lavish and intricate work. It was completed in the second quarter of the 16th century. The door's leaves depict scenes from the martyrdom of Saint-Étienne.

La verticalité et la luminosité du gothique s'expriment magnifiquement.

The verticals and brightness of the Gothic style are beautifully expressed here.

« Saint-Étienne possède [...] *un beau jubé en pierre sculptée portant la date de 1544, et dont les motifs aussi riches que délicats encadrent des panneaux représentant les* Travaux d'Hercule. *Cette œuvre, due à la munificence de l'évêque Jean de Langeac* [mort en 1544] *pourrait être de la même main que le tombeau de ce prélat. »*

A. Cantillon de Tramontane, *Le Limousin*, Ducourtieux, 1890.

L'élévation vers la lumière souligne la force de la foi.

The elevation to the sunlight emphasises the uplifting power of faith.

L'ÉPISODE LE PLUS DOULOUREUX de la mémoire de ce quartier est le siège, suivi du sac de la Cité en septembre 1370, par Edward de Woodstock, dit le Prince Noir. Tout du moins le futur Prince Noir, alors prince d'Aquitaine, qui réagissant aux tractations de l'évêque Jean de Cros avec le roi de France Charles V, veut faire un exemple. Le roi de France grignote peu à peu les possessions anglaises. Si le Château est resté fidèle au prince d'Aquitaine, Duguesclin approche par la rive gauche de la Vienne, sur les terres de la vicomtesse de Limoges. Probablement pour tenter de rallier le Château.

Jean de Cros a en effet ouvert les portes de la Cité aux troupes françaises commandées par Jean de Berry le 23 août 1370, et le 19 septembre la Cité tombe. Le siège ne dure donc que six jours, une partie de la Cité est incendiée, et l'évêque doit se rendre en compagnie des abbés de Saint-Martin et de Saint-Augustin auprès du prince, malade et allongé sur une litière, ce après avoir été capturés.

Si la victoire militaire est acquise, c'est une défaite politique, car, après le départ du prince, les habitants du château, impressionnés par le sac de la Cité, se rapprochent de Charles V. Et Froissard crée la légende noire du prince, évoquant 3 000 victimes alors que la Cité ne devait en compter que 2 500 habitants. Les seuls tués sont ceux qui se trouvaient près de la cathédrale, lors de la charge anglaise.

La Cité se caractérise donc par un maillage religieux ancien, important et varié, avec le baptistère paléochrétien, la cathédrale Saint-Étienne, le couvent des Sœurs de la Providence, la chapelle des Clarisses, le cimetière Saint-Domnolet, l'abbaye de la Règle et le palais de l'Évêché.

À l'approche du quartier de la Cité, une ruelle perpendiculaire à la rue du 71e-Mobiles témoigne du caractère hétéroclite des occupations humaines. C'est une portion de la rue des Tanneries.

As you approach the Cité district, a small alley, a segment of Rue des Tanneries, at right angles to Rue du 71e-Mobiles, testifies to the diverse business of its occupants.

Les maisons à colombages sont caractéristiques du quartier de la Cité.

These half-timbered houses are characteristic of the Cité quarter.

MONTRES
DE COLLECTION
0617032127

Des maisons à colombages de la place de la Cité ont presque toutes été restaurées depuis une cinquantaine d'années. Les terrasses des restaurants et des cafés donnent à la ville un aspect plus méridional. Sous nos pieds se déploie un entrelacs de souterrains insoupçonnés.

Nearly all the half-timbered houses in the Place de la Cité have been renovated over the last 50 years. The restaurant and cafe terraces offer a relaxing atmosphere, giving the city a more southern feel. Below you lies an unsuspected and intriguing network of underground passages.

Les toits en tuile romaine courbe attestent l'ancrage méditerranéen du quartier de la Cité.

The roofs in curved roman tiles reflect the Mediterranean nature of the Cité quarter.

Sous terre se déploie tout un réseau invisible : les souterrains de Limoges. C'est un espace d'usage circonscrit à un groupe, plutôt qu'un linéaire ininterrompu sur des kilomètres. Les activités quotidiennes n'excluent pas des utilisations extraordinaires, tombées dans l'oubli, mais allant de soi, comme le fait de s'y réfugier. Et ce dans une ville très excavée où les légendes surgissent fortement dans le romantisme et l'archéologie des premiers temps. On y voit les traces de son aménagement : trou d'aération, d'extraction, de boulins – des points d'encastrement des poutres supportant la pose des cintres. Les réemplois de chapiteau et de colonne témoignent de la réutilisation fréquente dans ce quartier dévasté, notamment lors de la guerre de Cent Ans. Les éléments en belle pierre de taille supportent les poussées exercées par des tonnes de roches environnantes. Les éléments porteurs sont parfois issus de réemplois, pratiques accélérées dans le démembrement d'édifices. Les colonnes donnent un sentiment noble aux salles souterraines, revers architecturé d'une ville saccagée en 1370. Les éléments sculptés en granite sont donc rapportés, montrant un véritable génie civil dans le substrat migmatite et de tuf.

Les souterrains de la Règle, jadis de l'ancienne abbaye, étaient des lieux de stockage de nourriture et de vin, et non des passages secrets reliant des sites stratégiques. La légende raconte qu'un souterrain mène au château de Chalucet, distant de plus de vingt kilomètres !

The subterranean passages of the Règle, once part of the ancient abbey, were used to store food and wine, and not secret passages linking strategic sites. One legend however has it that one underground passage led to the castle of Chalucet, over twenty kilometres away!

Un certain « Aug. M. », probablement Auguste Maquet, le « nègre littéraire » d'Alexandre Dumas, évoque ce réseau dans *Les souterrains de Limoges* paru en feuilleton dans le journal *L'Ordre* en 1845-1846, et publié aux Ardents éditeurs en 2007 : *« En l'an 1680, le trouble envahit l'abbaye de Saint-Martin-lès-Limoges. Le frère Martial, jeune moine avide de science, a-t-il conclu un pacte avec les forces diaboliques ? Est-il l'auteur de la série de meurtres perpétrés dans la contrée par une étrange créature ? L'enquête de deux frères feuillants les mène au cœur des souterrains de Limoges. Le célèbre dédale, élément de l'histoire et de l'imaginaire de la cité limousine, s'anime de toute une vie fabuleuse et inquiétante. Magie, loup-garou, empoisonnement, adultère, passion destructrice sur fond d'histoire de France : à un rythme effréné, tous les ingrédients du roman-feuilleton s'enchaînent pour le plus grand plaisir du lecteur. »*

La terreur surgit alors des souterrains pour gagner les édifices religieux si nombreux en surface. *« En effet, de l'extrémité opposée du cloître et du côté de l'église, une ombre parut se glisser comme celle d'un trépassé revenant demander aux vivants des prières pour son âme en peine. Seulement, si l'ombre marchait sans bruit, elle avançait rapidement, et elle eut parcouru toute l'étendue qui la séparait des deux moines, en moitié moins de temps qu'il n'en eût fallu, à ce qu'il semblait, à un être que la vie terrestre eût animé. »* L'aspect terrifiant ressort aussi dans cet autre extrait où s'exprime toute la cruauté : *« C'est alors que j'ai attaqué l'enfant du Petit-Limoges et mangé la fille de Lebigre, car dans ces moments j'ai une soif et un appétit diaboliques du sang et de la chair des enfants qui sont meilleurs que les chiens. »*

Les remplois de chapiteaux et de colonnes sont fréquents dans ce quartier dévasté, notamment lors de la guerre de Cent Ans. Cette colonne soutient un poids central dans la cave d'une ancienne maison canoniale. Le fût monolithe, probable réemploi, porte une voûte retombant sur des culots.

It was common that capitals and columns were re-used in this region of France that often a zone of conflict, especially during the Hundred Years' War. The column shown here supports the central weight of a cellar ceiling in this former canon's house. The monolithic shaft, probably reused, supports a vault falling on its bases.

Les souterrains de l'abbaye de la Règle sont typiques des multiples réseaux de cave se déployant sous la ville. Ils témoignent d'une occupation vivrière : accès à un aqueduc, dépôt de matériel…

These subterranean passages below the Règle Abbey are typical of the maze of cellar networks that run under the city. They reveal an activity of food production with ready access to an aquaduct, and areas for storing equipment and other goods.

Le site de la cité épiscopale doit beaucoup à la présence d'une falaise escarpée, d'un dénivelé important avec la Vienne, et d'être aussi coupée de la ville antique par une rivière l'Enjoumard. Il est donc facile à défendre et à fortifier. Le quartier derrière l'abbaye de la Règle en témoigne.

« C'est l'une des plus vieilles rues de Limoges, une de ces rues qui étaient déjà là au Moyen Âge, en contrebas de ce qui n'était pas encore une cathédrale. Bien des chemins y menaient alors. Aujourd'hui, la rue Porte-Panet fait partie des petites rues historiques du quartier de la Cité. »

Nathalie Goursaud, *Le Populaire du Centre*, 17 février 2009.

La rue de la Règle se déploie le long d'un rare parc entourant une maison dans ce quartier escarpé. On aperçoit non loin, à gauche, la rue du Rajat.

Rue de la Règle runs adjacent to a unique park that surrounds a house in this very steep part of the city. Rue du Rajat can be seen in the middle-distance sloping away to the left.

La maison des Compagnons a revitalisé le quartier de la Cité. Les compagnons du Tour de France ont restauré les anciennes maisons des chanoines. Leurs chefs-d'œuvre sont exposés dans l'ancien réfectoire du grand séminaire, installé au XIXe siècle dans l'ancienne abbaye de la Règle, abandonnée à la Révolution.

The "Maison des Compagnons" has reinvigorated the Cité quarter [Translator's note : "Compagnons" are apprentices who, upon finishing their foundation training, must, as part of their contract, set-aside a few years travelling around France carrying out the type of work for which they were trained]. Some of their labours of love can be seen here in the old refectory of the Grand Seminary, that was built in the 19th century in the former Règle Abbey abandoned during the Revolution.

La rue Porte-Panet.

Rue Porte-Panet.

Le quartier du Rajat se situe dans le bas de la Cité. Rajat est un sobriquet dont l'origine est occitane. Son étymologie vient de « rajar », jaillir, désignant l'endroit de la source. Effectivement, la fontaine du Père-Peigne, en contrebas, témoigne de cette résurgence. Elle est censée fixer la couleur des teintures.

The Rajat quarter can be found in the lower part of the Cité. Rajat is a moniker of the Occitan word "rajar" that literally means to gush out, denoting a spring, as here, the Père-Peigne spring below, testifies to this resurgence that is supposed to fix the colour of dyes.

Rajat jouissait encore dans les années 1980, d'une réputation de quartier populaire, voire un peu sulfureux, héritier d'une époque où on chantait encore « Si tu sei d'au pount passo, si tu n'in sei pas, a l'aigo » *(« Si tu es des ponts, tu peux passer, si tu n'en es pas, à l'eau »).*

In the 1980's, Rajat still enjoyed a reputation as a popular,even somewhat sultry district, heir to an era when people still sang "Si tu sei d'au pount passo, si tu n'in sei pas, a l'aigo" *(lit. translation "If you are from the bridges, you can pass, if you are not, into the water you must go").*

19

« Volontiers frondeurs et grandes gueules, les Ponticauds entretenaient, avec une certaine jubilation, cette réputation qui faisait frémir les jeunes filles et gronder les garçons. Le cœur aussi grand que la gueule, la solidarité n'était pas un vain mot le long de la Vienne.
Si la formule "si tu sei d'au pount passo, si tu n'in sei pas, a l'aigo" *si tu es des ponts passes, si tu n'en es pas, à l'eau, effrayait le bourgeois, elle faisait bien rire le populo. Car on jouait beaucoup avec l'eau, mais entre Ponticauds lors des fêtes, nombreuses sur les bords de Vienne. »*

Site ponticaud.fr

La rue du Rajat, en cette matinée estivale, offre une ambiance très prisée des touristes.

Rue du Rajat, photographed on a lovely summer morning, offers visitors to Limoges something very different.

L'évacuation des eaux s'effectue grâce à un système d'évacuation conséquent qu'on aperçoit à gauche.

Excess water can run off via a large gully as can be seen in the left of shot.

*Le quartier de la Cité, entre la rue de la Règle et la rivière, a conservé ses ruelles pavées et tortueuses et des escaliers qui descendent jusqu'à la Vienne. Les maisons semblent n'avoir pas changé, modestes, avec leurs pans de bois. Placé sous l'autorité de l'abbaye, ce quartier typique abrite également les maisons des tanneurs, reconnaissables grâce à leurs greniers à claire-voie pour le séchage de peaux. Dans une niche en bas de la rue, la statue Notre-Dame-du-Peiteu veille encore sur le quartier. Elle a probablement été installée là à la fin du XIX*e *siècle. Les* peiteu, *battoirs en occitan, sont cloués autour de la Vierge.*

In the cité quarter, between Rue de la Règle and the River Vienne, you will discover cobbled, winding streets and staircases that will lead you down to the river. The houses appear unchanged, modest even, with their half-timbered walls. Under the authority of the abbey, this distinctive quarter is also home to the tanners' houses, recognisable by their louvered (angled wooden slats) granaries used for drying hides. Down the street, in a small niche, if you look up you will find the statue of Our-Lady of Peiteu who stands guard over the neighbourhood. The statue was probably placed there as recently as the end of the 19th century. The peiteu, or wooden paddle [Translator's note : used to beat the washing] in Occitan language, are nailed around the Virgin.

Dans ce quartier de la Cité, nombreux sont donc les édifices religieux, tels que l'ancienne abbaye de la Règle, abandonnée à la Révolution puis rasée en presque totalité au XXe siècle.
Deux personnages doivent à leur exil momentané d'être liés à cette abbaye et au quartier de la Cité : l'épouse du surintendant Fouquet et Jean de la Fontaine.
Jean de La Fontaine (1621-1695) découvre Limoges dans de curieuses circonstances, et son propos n'est pas aussi rude que la mémoire en a gardé la trace... La Fontaine, alors âgé de 40 ans, fait partie des protégés du surintendant Nicolas Fouquet (1615-1680). Ce dernier est arrêté en 1661, sur ordre du monarque Louis XIV qui débute son règne personnel, et est exilé, passant notamment par Limoges... La Fontaine, quant à lui, suit en exil l'oncle de son épouse, Jannart, qui part pour... Limoges ! La Fontaine, dans sa *Relation d'un voyage de Paris en Limousin* écrite le 17 septembre 1663, suit un tracé passant par Poitiers et Bellac ; il se lève alors dans cette dernière cité avant de gagner Limoges.
«*Tandis que je fais presser le maréchal* [ferrant], *M. de Châteauneuf qui avait entrepris de nous guider ce jour-là, s'informa tant des chemins, que cela ne servit pas à lui prendre les plus longs et les plus mauvais. De bonne fortune, notre traite n'était pas grande – comme Limoges n'est éloignée de Bellac que d'une petite journée —, nous eûmes tout le loisir de nous égarer, de quoi nous nous acquittâmes très bien, et ce en gens qui ne connaissent ni la langue ni le pays. Dès que nous fûmes arrivés, mon fidèle Achate* [...] *disposa les choses pour son retour* [...]. *En attendant, si vous désirez savoir comment je m'y trouve, je vous dirai assez bien ; et votre oncle doit s'y trouver encore mieux, vu les témoignages d'estime et de bienveillance que chacun lui rend, l'évêque principalement. C'est un prélat qui a toutes les belles qualités que vous sauriez vous imaginer ; splendide surtout, et qui tient la meilleure table du Limousin : il vit en grand seigneur, et l'est en effet. N'allez pas vous figurer que les restes du diocèse sont malheureux et disgraciés du Ciel, comme on se le figure dans nos provinces. Je vous donne les gens de Limoges pour aussi fins et aussi polis que le peuple de France : les hommes ont de l'esprit en ce pays-là, et les femmes de la blancheur ; mais leurs coutumes, façons de vivre, occupations, compliments surtout, ne me plaisent point.*» (Lettre de Jean de La Fontaine à sa femme, *Relation d'un voyage de Paris en Limousin*, 1782.)

La chapelle de la Règle est une construction de la fin du XIXe siècle. Elle a été réalisée dans le style gothique rayonnant pour desservir le grand séminaire. Ce lieu de culte catholique n'a jamais été consacré en raison de la séparation de l'Église et de l'État.

The Règle Chapel was built at the end of the 19th century in the French "Rayonnant" Gothic style [Translator's note : The "Rayonnant Gothic style" covers the period from the mid-13th century to the mid-14th century] to serve the grand school of theology. This place of Catholic worship was never consecrated due to the separation of the Church from the State.

C'EST SUR CETTE DERNIÈRE considération pondérée et équilibrée que s'arrête la correspondance de Jean de La Fontaine à son épouse Marie Héricart (1633-1709). Nous n'aurons sans doute jamais accès à une hypothétique septième lettre écrite après Limoges. Donc, sans attendre la lettre de cachet qui vient de frapper l'oncle de son épouse, Jannard, avocat de madame Fouquet, exilé à Limoges, La Fontaine s'exile lui-même. Arrivé dans notre ville au mois de septembre, il y passe une paisible villégiature et, sentant le danger écarté, le futur académicien quitte Limoges en janvier 1664.

Ce que l'on sait moins, c'est que dès l'arrestation de Fouquet, le monarque décide d'envoyer l'épouse de celui-ci à Limoges. Cette personne connue pour sa vanité prend la route de l'exil à contrecœur. Tout au long du parcours, elle fera en sorte que les chevaux de son équipage freinent des quatre fers, comme l'explique l'intendant du Limousin, Claude Pellot, venu lui présenter ses hommages à Fontenay : *« Elle fait fort petites journées et va lentement, dans quelque espérance où elle est que l'on pourra changer son ordre pour aller à Limoges. »* De fait, il lui faudra un mois pour rallier Limoges.

Cet escalier permet de rejoindre le quartier de la Cité depuis les jardins de l'Évêché.

Staircase providing access to the Cité quarter from the Bishop's gardens.

« *Arrivée sur place, Madame l'ex-Surintendante loge dans l'abbaye de la Règle, proche de la cathédrale. L'abbesse se nomme Verthamond. Et là, celle qui est devenue "la bonne femme" décrite par Madame de Sévigné met tout en œuvre pour se rapprocher de son époux, allant jusqu'à disposer des chevaux sur le chemin d'Angers à Limoges, en vain. Dans sa grande bonté, le Roi lui permet cependant d'emménager chez… l'Intendant! Finalement, face à l'obstination de cette courageuse épouse, le Roi décide de l'autoriser à quitter Limoges pour se rendre à Saintes. En revanche, Louis XIV ne lui donnera jamais l'autorisation de rejoindre son mari.* »

Le Populaire du Centre, 19 août 2016.

Ne subsiste qu'une chapelle dite aussi de la Règle, édifiée dans le dernier quart du XIXe siècle. Autour s'étendent les jardins de l'Évêché, héritage des travaux de la fin du XVIIIe siècle.

The Règle Chapel, built in the latter part of the 19th century, is all that remains. Surrounded by the Bishop's gardens, it is a legacy of late 18th century building work.

Les jardins de l'Évêché et la chapelle de la Règle. Cette dernière sert de dépôt à la bibliothèque francophone multimédia (BFM), ouverte dans l'ancien hôpital général. Au « dépôt de la Règle » sont entreposés les collections de journaux et certains imprimés.

The Bishop's gardens and the Règle Chapel. The latter serves as a French-speaking multimedia library (BFM), opened in the former general hospital. Whereas in the "Dépôt de la Règle", you will be able to find newspaper collections and some printed material.

La cour du palais de l'Évêché avec, à droite, le clocher de la cathédrale.

The courtyard of honour at the Bishop's Palace, with the Cathedral bell tower to the right.

Sur cette vue prise depuis le campanile de la mairie, on voit la cathédrale et, à droite, l'ancien palais de l'Évêché, devenu musée des Beaux-Arts. On distingue la Vienne et la campagne environnante.

In this view from the City Hall belfry, we see the Cathedral and, on the right, the former Bishop's Palace, now the Museum of Fine Arts. And in the middle distance the Vienne River surrounded by farms and woodland.

La cathédrale Saint-Étienne et le musée des Beaux-Arts, photographiés depuis le quartier Saint-Lazare, rive gauche. Cette vue cavalière a été, pendant des siècles, la première image de la ville lorsqu'on arrivait du sud. Saint-Lazare était le nom d'un hospice construit à la fin du XIIIe siècle.

Saint-Étienne's Cathedral and the Museum of Fine Arts photographed from the left bank of the Saint-Lazare quarter. For centuries, this was the first view of Limoges that visitors, arriving from the south, would have of the city. Saint-Lazare was a hospice built at the end of the 13th century.

« L'évêque a fait bâtir un superbe et vaste palais, et son jardin est ce qu'il y a de plus beau à Limoges, car il commande un paysage qui n'a pas d'égal. [...] Une rivière serpente à travers une vallée environnée de collines, qui offre l'assemblage le plus gai et le plus animé de maisons de plaisance, de fermes, de vignobles, de prairies et de châtaigniers si heureusement entremêlés que le tout forme la scène la plus riante. »

Arthur Young, *Travels in France*, 1787.

Dans le parc de l'ancienne abbaye de la Règle, la gloriette, reconstruite par les compagnons du Tour de France, existait déjà dans le jardin du séminaire de la Règle.

The gazebo, here in the former Règle Abbey park, having been rebuilt by the Compagnons du Tour de France. It had previously occupied a site in the gardens of the Règle School of Theology.

L'entrée majestueuse du palais de l'Évêché montre ici deux des quatre évangélistes, Marc et Luc. Le palais est construit de 1766 à 1773, par Joseph Brousseau, grand architecte originaire de Limoges. Il devient un musée, à la suite de la nationalisation des biens religieux en 1905, et après une décision de la municipalité Dantony en 1912.

The majestic entrance to the Bishop's Palace features St Mark and St Luke. Designed by Joseph Brousseau, a master architect from Limoges, it was built between 1766 and 1773. Following the nationalisation of all religious property in 1905, the Bishop's Palace fell out of use before becoming a museum after a decision by the City Council in 1912.

L'escalier du palais de l'Évêché montre l'apparat voulu par l'évêque pour accéder à l'étage supérieur. On aperçoit en bas de l'escalier une peinture de Gérard Seghers, datant de 1625-1630, représentant l'Assomption de la Vierge d'après Rubens. Elle provient de l'ancienne chapelle des Jésuites, actuellement au lycée Gay-Lussac.

The main staircase in the Bishop's Palace shows the pomp and circumstance that the Bishop required to "reach the upper floor". At the foot of the staircase can be seen a painting after Rubens and attributed to Gérard Seghers, dating from 1625-1630, depicting the Assumption of the Virgin Mary. It had originally hung in the former chapel of the Jesuits that is now part of the Gay-Lussac Lycée.

Au fond de la chapelle de l'Évêché, un tableau de Joseph Benoit Suvée (1772) montre Saint Louis recevant la couronne d'épines. Se déploient de part et d'autre Les Béatitudes *de Maurice Denis (1915).*

At the furthest end of the BIshop's chapel, hangs a painting by Joseph Benoit Suvée (1772) showing Saint Louis being crowned with thorns. And on either side, the visitor will discover the Beatitudes by Maurice Denis (painted in 1915).

AUTRE CHANTIER DE JOSEPH Brousseau, qui s'est achevé en 1780 : le couvent des Sœurs de la Providence. Ce dernier finit par connaître le même destin que l'évêché, devenir un musée dans les années 2010, celui de la Résistance.

Les sous-sols du musée des Beaux-Arts ont certainement abrité les cuisines. Ils présentent dorénavant une étude en pierre calcaire sculptée par Léon Prieur Bardin, en vue de la réalisation de six vases en plomb, destinés à décorer l'ancien théâtre municipal de Limoges, place de la République (1894)

The basement, that would previously have been the kitchen, now houses a limestone model by Léon Prieur-Bardin for six lead vases intended to decorate the ancient municipal theatre in Place de la République (1894).

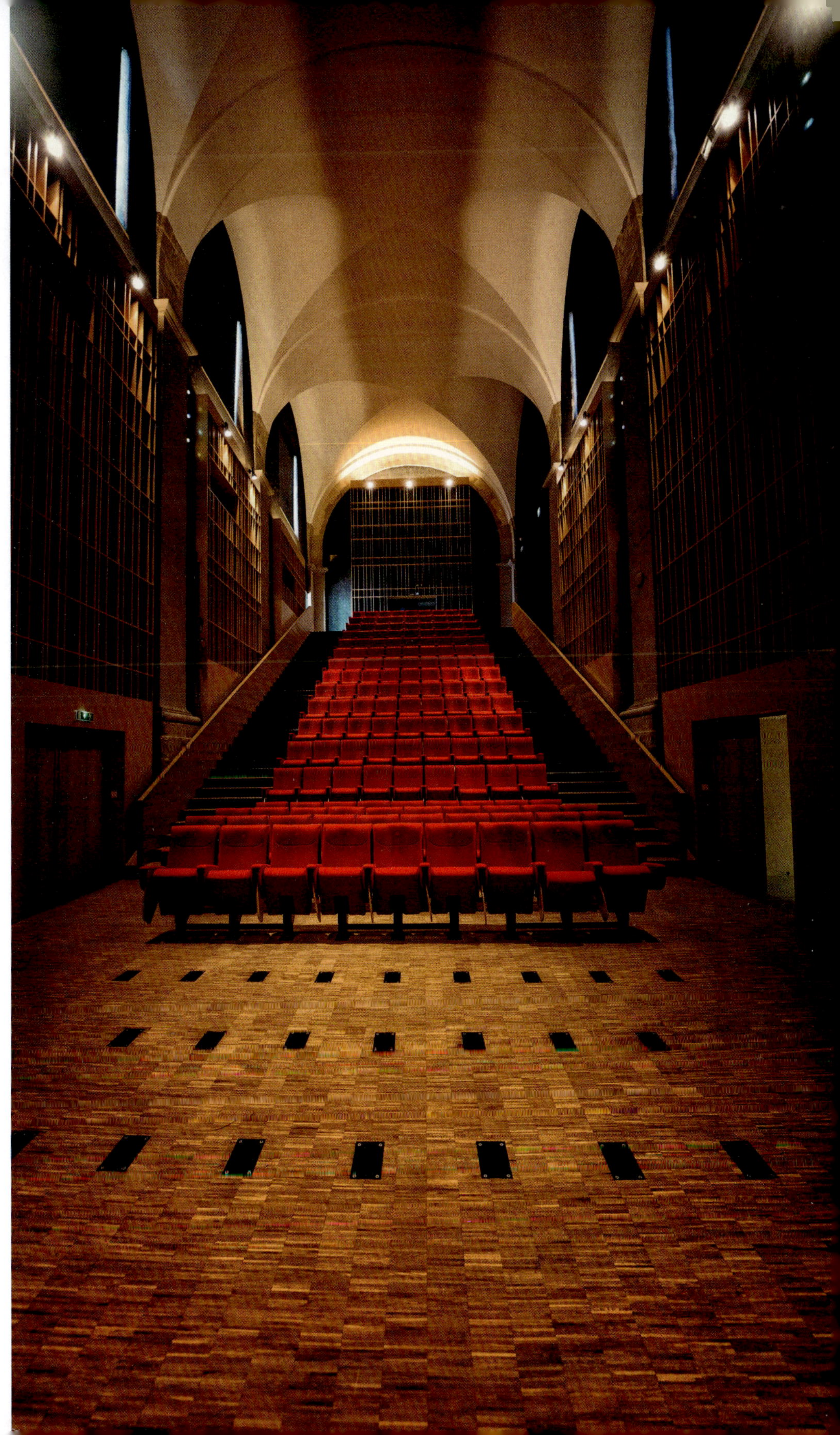

La nef de l'église des Sœurs de la Providence est aujourd'hui une salle de conférence située au cœur de la Cité. Elle a été nommée Simone Veil.

The nave of the church of the Sisters of Providence is today known as the Simone Veil conference hall located in the heart of the Cité quarter.

Le quartier de la Cité possède également un troisième petit musée, le musée Jourdan, dans l'ancienne maison natale du futur maréchal de France. Né à Limoges en 1762, Jean-Baptiste Jourdan est confié à son oncle, à Aix-en-Provence, à l'âge de deux ans, à la suite du décès de sa mère. Il revient dans sa ville natale vers 1784, après avoir combattu en Amérique, dans les troupes de La Fayette. Il déniche un emploi de commis chez un commerçant en tissus dont il épouse la belle-sœur. Il s'installe ensuite à son compte dans une petite mercerie. Le commerce prospère, la famille aussi. En 1789, les époux font baptiser le premier de leurs six enfants. Mais Jourdan a d'autres aspirations, il fait partie des membres fondateurs de la Société des Amis de la Constitution. Deux mois après, il devient un des deux capitaines des gardes nationaux.

En 1791, il repart. Survient alors la déclaration de guerre à l'Autriche… Jourdan gravit les plus hauts grades, colonel, général de brigade, général de division, puis commandant en chef de la plus importante armée française. En 1794, il remporte la victoire de Fleurus, nette, claire, sa principale victoire militaire, avant d'être relevé de son commandement. En 1797, rendu à la vie civile, il regagne par la politique ce qu'il vient de perdre sur le plan militaire. Élu au Conseil des Cinq-Cents, il siège parmi les députés jacobins. C'est lui qui fait voter la loi de conscription militaire. Il se rallie ensuite à Bonaparte, devient commandant en chef de l'armée d'Italie. Il se soumet ensuite à Louis XVIII, puis à Charles X.

La maison natale du maréchal Jourdan, située rue du Pont-Saint-Étienne, est une belle bâtisse à colombage du XVIe siècle. Elle abrite le musée municipal depuis une quarantaine d'années.

The house where Marshal Jordan was born located in Rue du Pont-Saint-Étienne is a fine example of a half-timbered 16th century house. It has played home to the artefacts of the Municipal Museum for the last forty years.

TERMINONS CETTE VISITE PAR UN artefact iconique de la ville, longtemps exposé sur un piédestal, là où le panorama sur la vallée est le plus démonstratif : l'avion du maquis. Aujourd'hui restauré et pièce majeure du musée de la Résistance, il est constitutif d'une mémoire où le geste héroïque des maquisards de la montagne limousine rappelle que Limoges s'est libérée seule, en août 1944, sans l'appui des troupes anglo-américaines ou FFL.

Cet avion italien de marque Reggiane, sous pavillon allemand, s'est écrasé en juin 1944, sur la commune de Saint-Méard, près du mont Gargan. La mémoire limousine entretient le fait qu'il a été mitraillé par les maquisards. Jusqu'en 1989, il a trôné sur un socle au cœur des jardins de l'Évêché, contribuant à la gloire des combats du maquis. L'avion est dorénavant exposé au musée de la Résistance.

This Italian Reggiane plane, flying under a German flag, crashed in June 1944 in the village of Saint-Méard, near Mont Gargan. Limousin history sustains the belief that it was shot down by the Resistance (Maquis). Until 1989, it was mounted on a pedestal in the middle of the Bishop's gardens, as a tribute to the Maquis' fighting spirit. Today, the plane is on display in the Resistance Museum.

LE QUARTIER DU CHÂTEAU

The Castle quarter

Après la Cité, le quartier du Château est le deuxième noyau urbain de la ville. Commençons par son cœur, le point le plus haut, autour de 289 mètres d'altitude, soit un dénivelé de plus de cinquante mètres avec la Vienne. En fait, le vrai centre de Limoges se situe ici, de l'autre côté du marais et de la rivière de l'Enjoumard qui se jette dans la Vienne, non loin du pont Neuf actuel. Séparation nette entre la Cité et ce qu'il reste d'*Augustoritum* à la fin du IIIe siècle, avec les vestiges du théâtre, des arènes ou de l'amphithéâtre, des thermes, du forum et le pont gallo-romain. Néanmoins, le long de l'ancienne trame orthogonale frayée au premier siècle, de nouveaux édifices sont bâtis grâce au réemploi des pierres issues des ruines gallo-romaines.

Au nord-est d'*Augustoritum*, sur l'actuelle place de la République, une nécropole succède au IVe siècle à un ancien habitat de l'Antiquité. C'est dans ce contexte qu'arrive Martial, probablement vers 313. Grégoire de Tours publie les premiers témoignages de confiance sur ce saint homme à partir de 580 : « *C'est à cette époque* [milieu IIIe siècle] *que sept hommes nommés évêques furent envoyés pour prêcher dans les Gaules* [...] *Paul à Narbonne, Saturnin à Toulouse, Denis à Paris, Martial à Limoges.* » Selon l'évêque de Tours, sa venue date donc de la période de l'empereur romain Dèce (201-251) qui a rendu le culte impérial, jusque-là facultatif, obligatoire lors d'un édit en 250. Le pape Fabien (200-250) devient ainsi un martyr, victime de Dèce.

Revenons à Martial qui, accompagné de deux prêtres – « *qu'il avait amenés avec lui* », nous dit Grégoire de Tours —, reçoit une inhumation dans la nécropole citée précédemment, montrant la vivacité d'une communauté chrétienne. Dans une certaine discrétion toutefois, et en dehors des autres nécropoles des populations non christianisées. C'est certes l'époque de l'empereur Constantin (272-337) qui, par l'édit de Milan, a mis fin aux persécutions antichrétiennes. Mais les communautés chrétiennes restent très largement minoritaires.

La première église est apparue plus tard au VIe siècle, sur le site de la nécropole de Martial, sous l'impulsion d'un nouvel évêque Rurice (vers 440-510) en 485, puis de son petit-fils, Rurice II, évêque lui aussi, dans les années 530 et 540, un « *évêque bâtisseur* » selon Michel Aubrun. L'église Saint-Pierre-du-Sépulcre devient une basilique carolingienne, ceinturée d'un fossé rempli d'eau, puis une abbatiale romane au XIe siècle, date à laquelle la reconstruction de la basilique du Sauveur est entreprise.

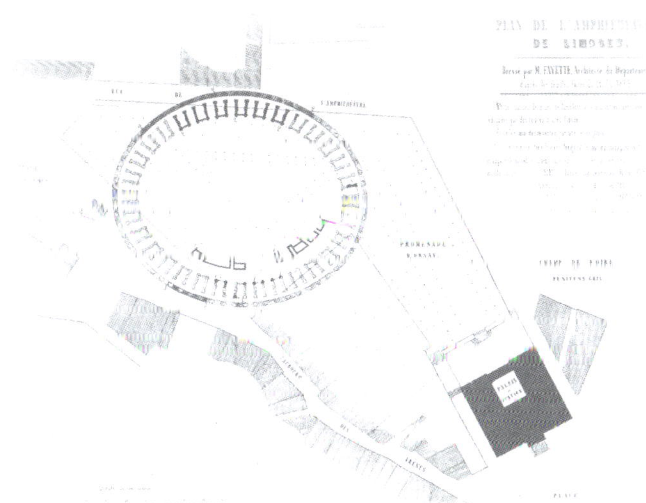

LA PLACE DE LA MOTTE

Place de la Motte

IL Y A TROIS, VOIRE QUATRE, pôles urbains à la fin du XIe siècle. La Cité, déjà évoquée, groupée autour de la cathédrale, l'abbaye Saint-Martial et le château autour de la motte vicomtale, ces deux derniers formant deux entités closes. Subsiste autour de l'ancien pont romain, futur pont Saint-Martial, un ensemble d'habitations autour des ruines de l'ancien théâtre romain. S'il ne reste de l'abbaye Saint-Martial que des vestiges archéologiques, aujourd'hui enfouis ou dans une crypte, il est difficile d'imaginer le rayonnement qu'elle a pu avoir du IXe au XIIe siècle.

La place de la Motte doit son nom donc à l'ancienne motte castrale liée au château de la vicomté de Limoges, entouré de douves et protégé par une palissade. Apparue au Xe siècle, la vicomté de Limoges domine alors une zone s'étendant sur un territoire méridional, du sud de la Haute-Vienne, d'une partie de la Corrèze et aussi de la Dordogne, le Nontronnais. Les fossés semblent avoir été comblés à la fin du XIIe siècle lorsque le Limousin devient terre anglaise.

La rue Lansecot est l'une des rues du cœur marchand près de la Motte. Cette rue tiendrait son nom d'un ancien abbé de saint Martial.

Rue Lansecot is one of the streets in the retail heart of the city near the Motte. It is said that it was named after a former abbot of Saint Martial's.

La rue Lansecot. On aperçoit le début de la rue Jauvion. Là aussi, le lien avec saint Martial et son abbaye est patent. Les Jauvion étaient en effet une famille de notables ayant fourni des abbés à l'abbaye.

Rue Lansecot. Here, we can also see the start of Rue Jauvion, underlining The Jauvion family's link with Saint Martial's Abbey. The Jauvions were an eminent family and a rich source of abbots for the Abbey.

MARTIN COMPTOIR

Les halles sont édifiées entre 1885 et 1889 par deux élèves d'Auguste Eiffel. Elles ont remplacé d'anciennes halles ouvertes, transférées à Carnot, au cœur du Limoges porcelainier.

Built by two of Auguste Eiffel's students between 1885 and 1889, les Halles, or covered market, replaced the open-air market that was relocated to Place Carnot in the heart of the porcelain-producing quarter.

La place de la Motte, située sur un des points les plus hauts de la ville, est devenue un lieu très actif et attractif. Les lignes de couleurs au sol rappellent les tons des halles. Les terrasses, enfin autorisées, ont permis d'occuper l'espace autrefois trop vide.

Place de la Motte, located at one of the highest points of the city, is a very lively and attractive square. The coloured lines on the ground are in keeping with the colour scheme of the covered market. Café terraces, finally authorised, occupy what was previously an empty space.

LES HALLES CENTRALES
LIMOGES

Le toit des halles centrales et le gris de son ossature métallique tranchent avec la blancheur de la frise en porcelaine de grand feu comportant 328 carreaux, représentant les différents produits vendus aux halles (poissons, volailles, gibiers, produits maraîchers, fleurs…).

The roof and grey metal structure of the covered market contrast with the purity of the 328-porcelain tile frieze depicting the typical goods found in the market (fish, poultry, game, vegetables and flowers, etc.).

CENTRALES
LIMOGES

A. BELLEVILLE La crèmerie des halles

La charpente et les bardages en bois des halles centrales ont été rénovés en 2019. Mis ainsi en valeur, ils donnent de la profondeur et de la hauteur au bâtiment. Le poids total de la charpente métallique est de trois fois 14 tonnes.

The metal frame and wood panelling of the main covered market building were fully renovated in 2019, giving depth and height to the building. The total weight of the steel structure is 42 tonnes (3 x 14 tonnes).

GALERIE DES BAS
GALERIE DES BAS

Le trompe-l'œil de la place de la Motte évoque à la fois la Motte féodale, entourée de ses douves, et le peintre Auguste Renoir né à Limoges. Le musée des Beaux-Arts compte plusieurs toiles du peintre d'origine limougeaude, dont le portrait de son fils, Jean Renoir, futur cinéaste des années 1930 et 1940.

The trompe-l'œil on Place de la Motte is evocative of both the feudal mound, surrounded by its moat, and Limoges-born painter Auguste Renoir. The Museum of Fine Arts includes several examples of Renoir's work including the portrait of his son Jean who was to become a famous film director in the 30's and 40's.

Vues sur les toits hétéroclites de la place de la Motte. Limoges offre un effet de patchwork architectural qui souvent déroute le visiteur.

Photos of the patchwork of roofs found in Place de la Motte. Limoges is an architectural hotchpotch that often puzzles visitors.

Vue sur les façades à colombages de la place de la Motte, avec le trompe-l'œil, réalisé en décembre 1995 lors de l'opération « Trait bleu ». Il tente de reconstituer, ici de manière factice, les colombages souvent effacés et peu à peu restaurés.

A glimpse of the half timbered facades on Place de la Motte, including the trompe-l'oeil executed in December 1995 during the "Trait bleu" operation. It seeks to recreate, in a mock way, the half-timbering that was, in many cases, lost and occasionally restored.

Ces deux entrées d'hôtels particuliers témoignent de la fonction d'apparat du quartier jusqu'à la Révolution française.

These two mansion gates bear witness to the ceremonial function of the quarter until the French Revolution.

« *Au rez-de-chaussée, une porte cochère s'ouvre dans l'axe. L'arc supérieur, brisé, est garni d'une imposte en ferronnerie. Deux modillons formant des consoles et un cartouche sculpté soutiennent un balcon galbé avec appui en ferronnerie. Cette porte était flanquée, de part et d'autre, de deux grandes ouvertures également en arc brisé, avec imposte en ferronnerie. Dans la cour intérieure, un grand arc en anse de panier ouvre l'accès au grand escalier. L'étage y prend jour par dix fenêtres à balconnet en ferronnerie. À l'intérieur, l'étage noble a conservé la distribution initiale et la plupart des boiseries d'époque, ainsi que des cheminées du XVIII*e *siècle.* »

Notice des monuments historiques
décrivant l'hôtel particulier Pétiniaud-Beaupeyrat.

L'hôtel Pétiniaud-Beaupeyrat est le plus bel immeuble de la place de la Motte. Le 4 février 1767 est créée la loge des Frères Unis, groupant des notables de la ville, notamment le négociant Jean-Baptiste Pétiniaud de Beaupeyrat. Né en 1747, ce dernier est maire de Limoges en 1789, puis le premier maire élu en 1790.

The Pétiniaud-Beaupeyrat mansion is undoubtedly the finest on Place de la Motte. The Masonic Lodge of the United Brethren (Loge des Frères Unis) was founded in 1767 and apart from many other dignitaries, it included the merchant Jean-Baptiste Pétiniaud de Beaupeyrat. Born in 1747, he was Limoges' last sovereign-appointed mayor in 1789 and its first elected mayor a year later.

Vue en contreplongée depuis la première cour de l'hôtel particulier Pétiniaud-Beaupeyrat.

Low angle shot from the forecourt of the Pétiniaud-Beaupeyrat mansion.

La nuit, la place de la Motte offre une vision contrastée : calme en début de soirée, agitée les petits matins, puis active et nourricière avant l'aurore.

After dark, Place de la Motte gives a sharp contrast to the peaceful early evenings to the restless small hours, before the hustle and bustle of the early dawn.

LA RUE DE LA BOUCHERIE

Rue de la Boucherie (Butchers' street)

De la place de la Motte à la place du Poids-Public, sur une petite longueur de 200 mètres environ, se succèdent une cinquantaine de maisons qui étaient presque toutes occupées par des bouchers ou des tripiers. Une singularité qui va s'éteindre définitivement à la fin du XXe siècle, à l'orée des années 1980.
En 1864, *« soixante des soixante-quatre chefs de famille de la rue de la Boucherie étaient bouchers, et ils occupaient cinquante-cinq maisons. Les seuls étrangers à la profession étaient un barbier, un maçon et deux épiciers. On trouvait également huit familles de bouchers dans les rues voisines, comme la rue Bas Lansecot et la place de la Motte.* [...] *Suite à la loi de 1884, sur les associations, les bouchers déposent leurs statuts auprès de la préfecture. L'année suivante, les fameux chiens qui attisaient la peur du voisinage ne sont plus autorisés à circuler la nuit en liberté. »* (Laurent Bourdelas, *Les Bouchers du château de Limoges*, La Geste éditions, 2019.)

« Les bouchers composent encore à Limoges une corporation redoutée. Ils vivent isolés, dans une rue qu'ils habitent exclusivement, et qui est gardée par d'énormes chiens. L'union et la concentration en un seul point corroborent chez les hommes la brutalité ordinaire à leur profession ; le quartier où ils sont agglomérés n'est pas moins dangereux que les remparts de Saint-Malo. »

L'écrivain et journaliste, Émile de La Bédollière (1812-1883), décrit ainsi les habitants et les commerçants de la rue de la Boucherie en 1841. (Laurent Bourdelas, *La Visite d'un Parisien à Limoges*, La Geste éditions, 2017.)

La rue de la Boucherie, avec notamment le célèbre restaurant Les Petits Ventres, qui était autrefois la boutique d'Étienne Cibot dit « Le Soyeux ».

Rue de la Boucherie including the well-known Les Petits Ventres restaurant that had previously been Master Butcher Étienne Cibot's shop, "Le Soyeux".

Anciennes boutiques de bouchers.

Former butchers' shops.

DANS UN RÉCIT SOUS FORME de feuilleton, paru dans *Le Courrier du Centre*, entre 1908 et 1909, Clément Rochel (1863-1919) met en scène des bouchers de Limoges : les Malinvaud viennent acheter des bêtes à la foire de Saint-Mathieu, et également embaucher une jeune servante, la Nardissou. Pour la ramener avec eux, rue de la Boucherie, la patronne s'entretient avec le célèbre « bandit » limousin :

« *Hélas ! Mon pauvre Burgou, vous avez raison,* répondit la bouchère. *Mais cette petite, chez moi, sera chez elle. Les bouchers de Limoges sont une grande famille...*

— Une libérale, une généreuse et belle famille ! affirma Burgou. *Bonne chance, petite ! Il attira la Nardissou dans ses bras, comme poussé par une force d'instinct. Un peu surprise, l'enfant regarda cet inconnu qui semblait lui porter intérêt et qui lui avait parlé avec douceur.*

— Elle sera heureuse avec nous, appuya Mme Malinvaud. *Vous pouvez le dire à sa grand-mère, n'est-ce pas ? Je lui enverrai son mois d'avance.* » (Vincent Brousse, *Clément Rochel, Burgou et Bugeaud*, Éditions Mégalithes, 2023.)

La Maison de la Boucherie témoigne du passé de cette rue qui était, avec les halles, le seul endroit où l'on pouvait acheter de la viande jusqu'au lendemain de la Seconde Guerre mondiale. Située au no 36, elle était tenue par Barthélemy Cibot, puis vendue en 1979 à la Ville dans le cadre de sa succession. La Maison de la Boucherie ouvre ses portes en juin 1988, après une restauration par la Ville de Limoges. Le mannequin porte la biaude, la blouse ample des bouchers, le foulard à carreaux bleus, ainsi que le tablier traditionnel.

The Maison de la Boucherie eco-museum depicts past retail practices, as with the covered market, it was the only place to buy meat until after the Second World War. The business located at n° 36 belonged to Barthélemy Cibot, prior to being sold to the city of Limoges after his death. The Maison de la Boucherie was opened in June 1988 following a full restoration. The model is wearing the Blaude, the loose-fitting butchers' smock, the blue checked scarf and the traditional apron.

L'entrée de la Maison de la Boucherie. On reconnaît la glacière où était conservée la viande. Tous les matins, un livreur, venant de la rue Armand-Dutreix, livrait des pains de glace dans de la toile de jute.

The entrance to the Maison de la Boucherie. You can see the icebox where the meat was kept. Every morning, the shop would receive a delivery, from Rue Armand-Dutreix, of blocks of ice transported in jute sacks.

EN 1929, DE JEUNES BOUCHERS, aux côtés d'ouvriers de la porcelaine, participent à l'émeute consécutive au jugement de Charles Barataud, un « dandy » bien né de 33 ans, condamné aux travaux forcés à perpétuité, échappant à la condamnation à mort et provoquant la colère de la foule. *« Surprise, deux univers distincts, des bouchers très jeunes, venant probablement de la rue de la Boucherie qui est très proche du tribunal. Mais sur lesquels ne pèsent que des soupçons, ainsi plusieurs garçons bouchers, dont François Duprat* [il a 16 ans], *qui sont soupçonnés d'avoir été très virulents… mais aucune preuve* [sic] *».* (Vincent Brousse et Philippe Grandcoing, *L'Affaire Barataud, une enquête dans le Limoges des années 1920*, La Geste, 2022.)

« Limoges est une ville libertaire nourrie par des bouchers scrofuleux et millionnaires. »

L'écrivain André Salmon (1881-1969) évoque Limoges en 1934, après son séjour dans la ville lors du fameux procès de Charles Barataud en mai-juin 1929.

La cheminée, les cuivres et le boueradour où on blanchissait les châtaignes.

The fireplace, copper pans and the "boueradour" used for blanching chestnuts.

RESSERRE

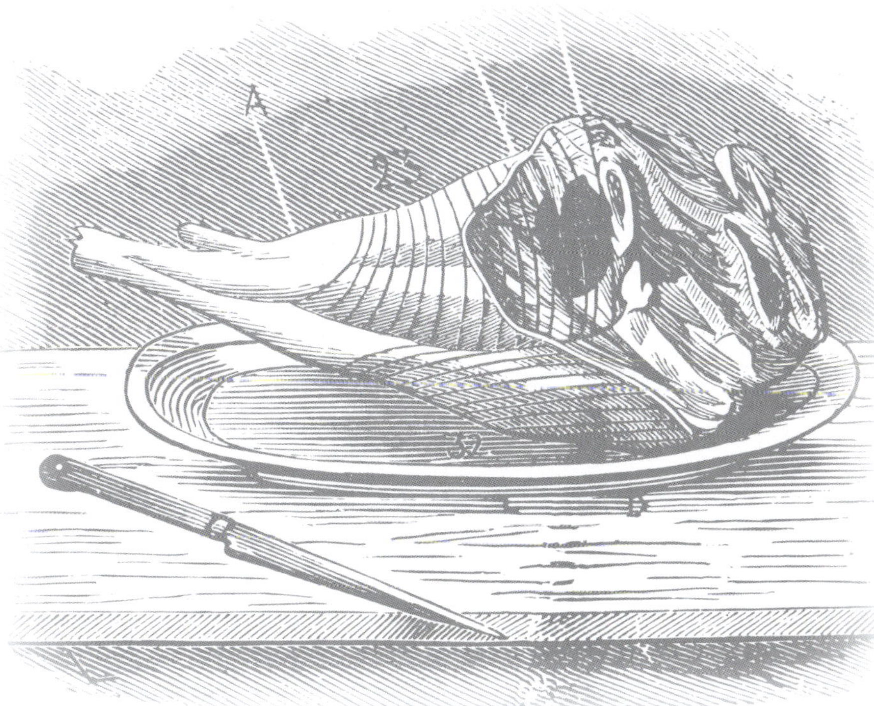

La boucherie possédait une table de découpe en marbre. On remarque les pots en grès pour conserver les aliments dans la graisse, du sel ou de la saumure, et les nombreux autres ustensiles de bouchers.

Typical utensils and earthenware storage jars used for storing food in fat, salt or brine. The marble top table was used for boning and cutting up meat.

Les bouchers prenaient leurs repas en semaine dans la cuisine du magasin.

Butchers would eat their meals during the week in the shop's kitchen.

La bouchère se tenait derrière le comptoir, sur lequel sont gravées les initiales EP (Parot). On aperçoit un petit robinet d'eau pour rincer les mains du boucher, ainsi que les crocs pour accrocher la viande de bœuf ou de mouton.

The butcher's wife would stand behind the counter, on which are engraved the initials EP (P for Parot). A small tap can be seen that the butcher would use to wash their hands. The hooks were for hanging joints of beef or mutton.

La salle à manger présente de la porcelaine de Limoges de la fin du XIXe siècle, des couverts en argent et des verres en cristal. Elle ne servait que le dimanche et les jours fériés. Les napperons sont en dentelle brodée par les carmélites. Au fond de la pièce, on peut voir la tenue quotidienne d'une bouchère.

On the dining table can be seen late 19th century Limoges porcelain, silver cutlery and crystal glassware. The dining room was only used on Sundays and bank holidays. The lace placemats were embroidered by the Carmelite nuns. At the back of the room, can be seen the everyday clothes worn by the butcher's wife.

Les écuries de la Maison de Boucherie. Les charrettes, tirées par des chevaux, livraient la viande à l'arrière de la boutique. Les bêtes étaient abattues place des Bancs-Charniers, puis à l'abattoir. On aperçoit un appareil à gonfler pour décoller la peau des bêtes, ainsi qu'une presse à graisse.

The stables at the Maison de Boucherie. Horse-drawn carts would deliver meat to the back of the shop. Livestock were initially slaughtered on Place des Bancs-Charniers, then at the abattoir. The inflating device was used to lift hides and skins from carcasses. A fat press can be seen too.

Une ancienne boucherie transformée en librairie de livres anciens, la librairie Nivet.

Nivet library, once a butcher's shop, is now a library specialising in old books.

Au centre de la place Saint-Aurélien trône la Piéta offerte par les bouchers en 1869 et bénie par l'évêque durant la Semaine Sainte. Elle est restaurée à la fin du XXe siècle. La première était en terre cuite.

In 1869, butchers donated the statue of the Piéta (Virgin Mary cradling Christ's lifeless body following his descent from the cross) that stands in the middle of Place Saint-Aurélien. It was restored at the end of the 20th century. The original statue was in terracotta.

ATELIER BOUTIQUE
CRÉATION ARTISANALE
Les petits ventres

Cette placette sans nom se situe derrière la rue de la Boucherie, entre la rue Charreyron et la rue Chaignaud. Non loin de là, la place de la Bareyrette comportait des barrières en bois délimitant et séparant le bétail voué aux artisans bouchers.

This unnamed small square is located behind Rue de la Boucherie, between Rue Charreyron and Rue Chaignaud. Not far from there, Place de la Bareyrette had wooden fences used for separating livestock destined for the butchers' shops.

La chapelle Saint-Aurélien est la propriété de la confrérie Saint-Aurélien, héritière directe de l'ancienne corporation des bouchers de la ville. Devant la chapelle se dresse la croix des Carmes, édifice en calcaire daté du XVe siècle, provenant du couvent des Carmes détruit après la Révolution. Elle est achetée par deux bouchers qui l'offrent à la confrérie. De part et d'autre du vitrail, qui provient aussi du couvent, se tiennent les statues Saint-Jean et Sainte-Catherine d'Alexandrie. Son clocher à bulbe du XVIIe siècle est couvert de bardeaux de châtaignier.

The Chapel of Saint-Aurélien belongs to the Brotherhood of Saint-Aurélien (Confrérie Saint-Aurélien), the immediate heir to the former corporation of butchers in Limoges. Saint-Aurélien was their patron saint. Facing the chapel is the Carmelite cross, a 15th century limestone monument from the Carmelite convent destroyed after the Revolution. The chapel was bought by two butchers who then gave it to the Brotherhood. On either side of the stained-glass window, which had also belonged to the convent, are the statues of St John and St Catherine of Alexandria. Its 17th century bulb-shaped bell tower is covered with chestnut roof tiles.

Dans le chœur, à gauche, est exposé le drapeau blanc et vert de la confrérie Saint-Aurélien rattachée à la chapelle éponyme. Aurélien se serait opposé à l'activité missionnaire de Martial, mais, frappé par la foudre, ce dernier l'aurait ramené à la vie. Aurélien se serait converti au christianisme et serait devenu le second évêque de Limoges.

On the left of the choir in the Chapel of Saint-Aurélien can be seen the white and green flag of the Brotherhood of Saint-Aurélien, Aurélien is alleged to have objected to Martial's missionary activity, left for dead having been struck by lightning, Martial was said to have breathed life back into Aurélien's lifeless body. Aurélien later converted to Christianity and became the second bishop of Limoges.

La chapelle Saint-Aurélien est achetée le 11 germinal an III (mars 1795) par le citoyen Maurice Malinvaud, pour la somme de 3 500 livres. Pouret, Audoin Pouret, les veuves Maureil et Plainemaison avaient auparavant enchéri. On aperçoit à gauche le Petit Jésus au Rognon, dans la statue en calcaire polychrome du XVe siècle de Sainte-Anne-Trinitaire, avec Anne, Marie et Jésus. On a voulu voir un hommage aux bouchers (le rognon étant un abat vendu par les bouchers).

Saint-Aurélien's chapel was bought on the 11 germinal year III (March 1795) by the citizen Maurice Malinvaud, for 3,500 livres. Unsuccessful bidders included Pouret, Audoin Pouret, and the widows Maureil and Plainemaison. On the left can be seen the 15th century polychrome limestone statue of St Anne, her daughter the Virgin Mary and the infant Jesus,who, as a tribute to butchers, is depicted eating offal, in this case a kidney.

EN AVRIL-MAI 1905, LORS DES « grèves » révolutionnaires dans la porcelaine, et alors qu'ont lieu plusieurs actes iconoclastes dans la ville, « *des meneurs firent courir le bruit qu'ils s'attaqueraient à la Vierge placée au milieu de la rue* [...]. *Ils s'engagèrent dans la rue, mais au carrefour, les confrères étaient là, le grand couteau de boucherie dans une main, et retenant d'énormes chiens briards qui grognaient en montrant les crocs. Les manifestants n'insistèrent pas !* [...] *Il fut décidé qu'à tour de rôle, et par groupes de quatre, on monterait la garde, de nuit. De jour, les dames bouchères s'en chargeraient, depuis la porte de leurs boutiques.* » (Geneviève Maussé-Cibot, *Histoire des bouchères de Limoges*, Éditions Flanant, 2004.)

Bas de la rue de la Boucherie qui donne sur la place du Poids-Public.

The end of Rue de la Boucherie which leads on to Place du Poids-Public.

Dans le haut de la rue de la Boucherie, diverses échoppes diverses se sont développées depuis les années 1980, après le sauvetage de la rue par des personnalités telles que Jean-Pierre Loustaud et Jean Levet.

At the top of Rue de la Boucherie, a number of new shops have opened since the 1980's, when the street was revived by key figures such as Jean-Pierre Loustaud and Jean Levet.

Une des ruelles du quartier, perpendiculaire à la rue de la Boucherie.

A small side street at right angles to Rue de la Boucherie.

Eureka !

En 1906, sur les 53 maisons de la rue de la Boucherie, on compte 47 boucheries, deux triperies et une seule charcuterie. Seules trois maisons, situées aux extrémités de la rue, abritent d'autres commerces, notamment une mercerie au n° 1 et une menuiserie au n° 52.

Les « *six familles de bouchers* » – comme l'on dit à Limoges – se partagent 90 % des patronymes des soixante-cinq bouchers et bouchères, plus nombreux que les maisons où ils vivent : Cibot (25), Malinvaud (9), Plainemaison (8), Parot (7), Pouret (4), Juge (2) et Cibot-Malinvaud (1), Malinvaud-Parot (1) et enfin Parot-Pouret (1). Plusieurs ont donc des surnoms pour se différencier : Pouret dit « L'Abbé », Cibot dit « Parpaillaud » – surprenante référence au protestantisme – ou encore Cibot dit « Le Canonnier » ou Cibot dit « Le Capitaine ». Ces surnoms témoignent de la rémanence d'une culture orale de l'entre-soi très marquée par le religieux et le militaire...

Aux alentours de la rue de la Boucherie, les rues Lansecot, Gondinet et Charreyron possèdent à la même époque trois autres bouchers et deux charcutiers dont seuls deux appartenaient aux « *six familles* ».

Le soir, la rue de la Boucherie est animée grâce aux restaurants et à leurs terrasses, sans oublier le mythique Duc-Étienne, bistrot intimement lié à la renaissance du quartier.

In the evening, Rue de la Boucherie comes alive with its restaurants and bars, not forgetting the iconic Duc-Étienne, a bistro closely linked to the revival of the quarter.

ART GALLERY
FERDINAND

AUTOUR DE LA MOTTE FÉODALE
Surrounding the Mound

Continuons dans le quartier du Château, autour de la place de la Motte, et en-dehors de la rue de la Boucherie. Commençons par la basilique Saint-Michel-des-Lions.

Une première chapelle aurait été dédiée à l'archange Saint-Michel et, le 25 mai 1364, l'église actuelle aurait été édifiée à l'emplacement de la chapelle primitive.

La basilique Saint-Michel-des-Lions possède une magnifique tour campanaire et, à son sujet, l'abbé Legros (1744-1811), historien du diocèse de Limoges, écrit : *« Ce ne fut qu'en 1383 qu'on jeta les fondements du beau clocher de cette église, pour la construction d'usuelle chaque particulier de la ville contribua libéralement. Voici copie de l'inscription autrefois gravée sur une lame de cuivre, appliquée au mur latéral de soutènement de ce clocher, à droite en entrant dans l'église, par la porte qui est sous ce beau monument. Cette plaque a été enlevée pendant la Révolution ; mais l'inscription se trouve [...] en entier dans les Éphémérides de 1765.*

Le fondement de la présente église
À l'honneur souverain et la vifve mémoire
Du Grand Dieu Tout-puissant, en son règne éternel
De sa mère sacrée et du bon Saint-Michel
Et des Bienheureux Saints de Paradis en gloire
L'an que l'on comptoit Mil CCC LXIIII
Le XXVe May du premier fondement
Le pied de cette église a prins commencement
Que l'injure du temps jamais ne puisse abattre. [...] »

(Abbé Legros cité par Gabriel Barret, tapuscrit déposé aux archives municipales de Limoges.)

La basilique Saint-Michel-des-Lions se dresse sur la place Saint-Michel. Construit en granite, cet édifice de style gothique tardif (XIVe-XVIe siècle) présente un clocher typiquement limousin, haut de 70 mètres et surmonté d'une boule. Cette dernière, en cuivre depuis 1824, est remplacée par une boule ajourée en 1914.

Saint-Michel-des-Lions' Basilica stands on Place Saint-Michel. Built in granite, this late Gothic building (14th -16th century) has a typical Limousin bell tower that is 70 metres (230ft) high and topped off with a first ball that was made of copper, it was replaced with a perforated ball in 1914.

D'origine gallo-romaine, les lions de Saint-Michel étaient probablement situés à l'entrée d'une nécropole antique.

The stone Gallo-Roman lions of Saint-Michel were most likely first sited at the gates of a Roman cemetery.

CORDONNERIE
Saint Michel

Une statue de saint Martial, saint patron et premier évêque de la ville, orne une fontaine placée devant la basilique.

A statue of Saint Martial, the patron saint and first bishop of Limoges, embellishes a fountain in front of the basilica.

Vue vers le ciel depuis l'angle de la place Saint-Michel.

Worm's eye view from Place Saint-Michel.

Entrée latérale de la basilique, place du Présidial.

Basilica side entrance, Place du Présidial.

Le clocher de la basilique Saint-Michel-des-Lions et les immeubles du haut de la place des Bancs, avant leur rénovation en 2022-2023.

The bell tower of Saint-Michel-des-Lions' Basilica and the buildings at the top of Place des Bancs, prior to their renovation in 2022-2023.

Saint Michel terrassant le dragon, dans la basilique Saint-Michel-des-Lions.

Saint Michael slaying the dragon, Saint-Michel-des-Lions' Basilica.

La basilique Saint-Michel-des-Lions abrite les reliques de saint Martial, premier évêque de la ville, saint patron de la ville. Depuis 994, date du miracle des Ardents, son chef (crâne) est montré aux paroissiens lors des ostensions solennelles. Ces dernières deviennent septennales en 1519. Les processions dans la ville sont interdites de 1880 à 1953.

Saint-Michel-des-Lions' Basilica houses the remains of Saint Martial, the city's first bishop and its patron saint. Since 994, the year of the "Miracle of the Ardents", his skull is exhibited to parishioners during the formal processions, known as the Ostensions. Banned between 1880 and 1953, the Ostensions are now celebrated every seven years.

La basilique Saint-Michel-des-Lions est classée au titre des monuments historiques depuis 1909.

Saint-Michel-des-Lions' Basilica has, since 1909, been listed as an historic monument.

L'autel et les trois tombeaux. Le tombeau de saint Martial est entouré de ceux de saint Loup, son successeur, et de sainte Valérie. Les reliques sont sauvées des mains des révolutionnaires en 1793. Cette année-là, l'église est déclarée « Temple de la Raison ».

The altar and the three tombs of St. Martial, his successor St. Wolf, and St. Valérie. Their relics were rescued from the Revolutionaries in 1793. In the same year, the church was declared a «Temple of Reason».

RELATONS UN ÉPISODE célèbre de l'histoire du Château.
Nous sommes alors en 1426, six mois après la ratification du traité de Troyes qui consacre la supériorité anglaise et fait de Henri V, le roi d'Angleterre, le régent et l'héritier du trône. Le 22 février, Pradeau devient l'un des douze consuls qui exerce les fonctions de prévôt, et ce pendant un mois.
D'après l'historien Georges Veyrinaud, *« la trahison de Gautier Pradeau est un épisode de la lutte qui a opposé au début du XVe siècle la commune du Château et le vicomte de Limoges. La population de Limoges a longtemps conservé le souvenir de cette trahison. Jusqu'en 1768, soit près de 350 ans après, une procession annuelle la commémorait encore. Gautier Pradeau, né en Charente, s'était établi à Limoges, comme marchand drapier, à l'angle de la rue du Clocher et de la rue Ferrerie.* [...] *Jean de Laigle, frère et lieutenant du vicomte de Limoges, voulait pénétrer dans la ville pour y supprimer les libertés communales.* [...] *responsable de la garde des remparts, Gautier Pradeau, qui s'est vendu à Jean de Laigle* [pour 10 000 écus remis par deux écuyers], *veut profiter du moment* [...] *pour faire ouvrir au petit jour la porte des Arènes par où Jean de Laigle et ses hommes pourront entrer. »*
Le 26 août 1426, les hommes de Jean de Laigle pénètrent dans la vigne appartenant à Pradeau, à l'emplacement de l'actuel carrefour Beaupeyrat, à proximité de la porte des Arènes, mais la porte est maintenue fermée, car la trahison a été éventée... Les hommes de Jean de Laigle ont été aperçus par le guetteur et, grâce à la lettre signée par Pradeau retrouvée dans ses vignes, celui-ci est confondu. Il confesse tout avant d'être mis trois jours au gibet, puis décapité. Son corps est coupé en quatre morceaux, sa tête est exposée, porte des Arènes, au bout d'une pique.

La rue Ferrerie doit son nom à d'anciens marchands de fer.

Rue Ferrerie owes its name to former iron merchants.

Place des Bancs.

Place des Bancs.

Gavroche
Maître Artisan Boulanger
BARBER SHOP

Pigeons et chat cohabitent près d'une placette étonnamment sans nom, située derrière la rue de la Boucherie.

Pigeons and a cat cohabit close to an intriguingly unnamed small square, located behind Rue de la Boucherie.

L'hôtel de Lostende (XVIe-XVIIe siècle) est une des plus belles demeures du quartier du Château.

The Lostende mansion dates from the 16th-17th centuries and is one of the most elegant privately-owned properties in the Castle quarter.

La Cour du Temple (XVIe-XVIIe siècle) doit son nom à une hypothétique maison des Templiers.

The Cour du Temple (16th-17th century) owes its name to a supposed Templar house.

LE CONSULAT

DEUXIÈME ÉGLISE DU QUARTIER du Château, l'église Saint-Pierre-du-Queyroix, *Sent Peire dau Cairo* qui signifie « le carrefour » en occitan. Elle aurait été fondée au VIe siècle. « *Son orientation selon un decumanus de la ville gallo-romaine permet de penser qu'elle existait déjà au VIIIe siècle, avant que ne soit établie la règle d'orienter vers l'est les bâtiments religieux. Elle est citée dans la relation du partage des biens effectués en 848, entre l'évêché et l'abbaye Saint-Martial qui venait d'être fondée.* » (A. de Laborderie, *L'Église Saint-Pierre du Queyroix*, BSAHL, tome LXXX.)

Pendant un certain temps, l'église Saint-Pierre-du-Queyroix est transformée en monastère, puis détruite par un incendie en 1123. Elle est reconstruite au XIIe siècle, avant d'être de nouveau démolie en 1269. L'essentiel de l'église est donc postérieur à la fin du XIIIe et au début XIVe siècle. L'édifice est profondément « gothicisée » au XIXe siècle avec des rajouts de pignons, de balustrades et une toiture en ardoise avec de plus fortes pentes.

For a certain period, Saint Pierre-du-Queyroix's church was a monastery before it was destroyed by fire in 1123. Rebuilt in the 12th century, prior to being demolished in 1269. The main building dates from the end of the 13th and beginning of the 14th centuries. The building then had an extensive "Gothic" makeover in the 19th century with the addition of gables, balustrades and a slate roof with a steep pitch.

L'ÉGLISE EST MENTIONNÉE comme lieu de rendez-vous secret dans le roman de Camille Leymarie, *Les Misérables du Limousin*, paru en 1887. À la fin des années 1840, un peu avant la fin de la monarchie de Juillet, une jeune fille Jeannille, travaillant dans des carrières de kaolin, est enlevée par agents à la solde des jésuites, sur ses traces son père et un artiste peintre parisien dénommé Mellinot.

« *Dessaleys* [le père de la jeune fille] *et Mellinot avaient arrêté qu'ils se verraient: en effet, il est facile d'entrer à Saint-Pierre, sans être vu, par la petite porte latérale ; à cette époque, cette église, qui n'avait pas été réparée encore, était fort sombre ; il y avait même des coins où l'obscurité était absolument complète ; dans l'après-midi, elle était très peu fréquentée, Dessaleys serait évidemment surveillé ; mais pouvait-on trouver extraordinaire qu'un pauvre paysan, aussi durement frappé que l'était le père de Jeannille, entrât quelquefois dans une église qui, d'ailleurs, se trouvait placée dans son voisinage...* »

Camille Leymarie, *Les Misérables du Limousin*, 1887.

Les vitraux du chœur, La Pêche miraculeuse, ont été réalisés d'après un dessin de Gustave Doré. Le Christ multiplie les poissons lors de la pêche au lac de Génésareth, autre nom du lac de Tibériade.

Stained-glass windows in the choir showing the Miraculous Catch of Fish after a drawing by Gustave Doré. Christ is seen multiplying the fish caught while fishing in the Sea of Galilee.

L'église recèle un retable baroque provenant de l'ancienne chapelle des Jésuites, située désormais dans l'enceinte du lycée Gay-Lussac.

The church is home to a baroque altarpiece from the former Jesuit chapel, now found within the confines of the Lycée Gay-Lussac.

L'église Saint-Pierre-du-Queyroix a conservé des éléments d'architecture romane. On aperçoit au fond à gauche une statue en bronze de Saint-Pierre du XIXe siècle.

Elements of Roman architecture are still visible in the church of Saint-Pierre-du-Queyroix. A 19th century bronze statue of Saint Peter can be seen in the background on the left.

Au-delà de ces deux églises, la place Fontaine-des-Barres, située dans le Château, a connu un épisode singulier au moment de la Révolution, après que la patrie est déclarée en danger, par l'Assemblée le 11 juillet 1792. L'abbé Chabrol, prêtre réfractaire, ayant refusé de prêter serment sur la constitution civile du clergé, vit rue des Combes. « *Rattaché à l'église Saint-Michel-des-Lions, il passait pour être un adversaire des idées révolutionnaires.* » Le 15 juillet, il reçoit la visite de trois grenadiers de la Garde nationale. Refusant de leur remettre son fusil, il est conduit jusqu'à la place Dauphine (actuelle place Denis-Dussoubs), puis devant un juge. Au moment d'être conduit en prison, « *la foule se rua, brisa les fenêtres* [...]. *Aussitôt les bâtons se levèrent et s'abattirent sur lui.* » Chabrol meurt immédiatement sous les coups.

Cette maison est située rue Cervières, près de la place Fontaine-des-Barres, dans un quartier marqué par la prostitution jusqu'aux années 1940.

House in Rue Cervières, near Place Fontaine des Barres is in a quarter synonymous with prostitution until the 1940's.

La place Fontaine-des-Barres tient son nom d'une fontaine très ancienne, aménagée sur un puits couvert de barres de protection et ornée vers 1615 d'une pyramide. Ne subsiste aujourd'hui que cette pyramide. Il y avait alors quatre conduits en bronze, soit une par face. Elle était alimentée par un aqueduc souterrain descendant de la colline Montjovis.

Place Fontaine-des-Barres is named after the old fountain now hidden under a well that has been covered over with security bars, and a pyramid that was added in the 17th century. All that can be seen today is the ancient pyramid built in or around 1615. There was a bronze spout on each of the four sides of the fountain. It was fed by an underground aqueduct from its source in the Montjovis hills.

Le Saphir
Long's Bar Narguilé
Librairie Mille

Cette chapelle de l'ancien collège des Jésuites est construite en 1629. Elle devient collège impérial en 1804, puis lycée Gay-Lussac. C'est ici que les états généraux de l'assemblée du Limousin se réunissent en 1789.

This chapel of the former Jesuit school was built in 1629 before becoming an imperial school in 1804. Today it finds itself within the Lycée Gay-Lussac campus. It was here that the General Instances of the Limousin Assembly met in 1789.

La place Denis-Dussoubs, ancienne place Dauphine, est aujourd'hui un lieu animé grâce à ses bars et terrasses, dont la brasserie Michard.

The Michard brewery, bars and terraces found on Place Denis-Dussoubs, previously known as Place Dauphine, add to the square's vibrant reputation.

ORGE & HOUBLON
TABAC PRESSE
LE GLACIER

LE GLACIER

La rue Adrien-Dubouché est une des rues commerçantes du quartier. Elle porte le nom du mécène fondateur du musée de la Porcelaine depuis 1898. Auparavant, elle était appelée rue des fossés et rue Croix-Neuve… François-Louis Bourcin-Dubouché (1818-1881), dit Adrien Dubouché, négociant de cognac, est un mécène important, fondateur de la première école d'art de la ville, brièvement maire en 1870. Le musée national de la Porcelaine de Limoges porte son nom.

Shops in Rue Adrien-Dubouché, named after the founder-patron of the Musée de la Porcelaine (Porcelain Museum) since 1898. Previously, it had been called Rue des fossés, then Rue Croix-Neuve. Francois-Louis Bourcin-Dubouché, better known as Adrien Dubouché (1818-1881) was a trader in brandy and a generous patron. He founded the city's first school of art and was briefly Mayor of Limoges in 1870. The National Porcelain Museum in Limoges bears his name.

Les prisons se trouvaient à droite dans cet ancien bâtiment du Présidial. Jusqu'au milieu du XIXe siècle, le tribunal était localisé dans cette rue des Prisons.

Rue des Prisons, as its name would suggest, was the location, and more specifically the Présidial building on the right of photo, of Limoges' prisons. The law court was located here until the mid-19th century.

Rue Adrien-Dubouché, l'ancienne galerie d'art 39A de Simone Nathan-Ascher (1926-2012) était une sorte de maison de poupée, disposée sur trois niveaux, où on venait de loin pour découvrir des œuvres d'art de la création contemporaine.

39A Rue Adrien-Dubouché was previously a miniscule art gallery over three floors managed by Simone Nathan-Ascher (1926-2012). Visitors would travel far to discover the latest contemporary works of art.

Art mural, exposition de Street Art, à l'initiative de la mairie, durant l'été 2020.

City Hall organised a street art exhibition during the summer of 2020.

JEU

Angle de la rue Monte-à-Regret et de la rue Adrien-Dubouché.

Corner of Rue Monte-à-Regret and Rue Adrien-Dubouché.

Le square Simone rend hommage à la célèbre galeriste Simone Nathan Ascher. Elle avait transformé la boutique de bonneterie, achetée par son mari, en galerie d'art.

Simone Square pays tribute to the well-known art gallery owner Simone Nathan-Ascher who converted the underwear shop that her husband had bought into an art gallery.

Square
Simone

Roger Nimier, l'un des hussards littéraires des années 1950, évoque cet aspect raide et escarpé des rues commerçantes dans le roman *Les Enfants tristes*, paru en 1951.

Olivier Malentraide, dandy parisien désabusé, accompagne son meilleur ami à Limoges. *« À Limoges, il déchanta. Limoges n'était nullement une ville dans la manière de San Francisco, Honolulu ou Singapour. »* Cet ami, Raoul Le Barsac, l'un des héros du roman, tente brièvement une carrière politique à Limoges et Olivier s'étonne du fait que dans cette ville *« faite de pentes et de montées, mal équilibrée sur elle-même, grisâtre, pleine de cafés où coulait de la bière chaude, la capitale du Limousin débordait d'affiches rouges, jaunes et blanches. »* Mais Limoges et le département de la Haute-Vienne pourraient permettre l'élection de son ami. *« De grandes ambitions habitaient Raoul Le Barsac : il se présenterait dans la Haute-Vienne, sur une liste progressiste.* [...] *C'était un bon département, un département où l'on pensait bien, c'est-à-dire que les réactionnaires s'appelaient : socialistes et les radicaux : communistes. »* (Roger Nimier, *Les Enfants tristes*, 1951.)

Deux rues commerçantes animent, plus au sud, le quartier du Château : les rues du Consulat (à gauche) et du Clocher (à droite).

Rue Consulat (to the left) and Rue du Clocher (to the right) are two shopping streets in the southern part of the Castle quarter.

ms mode
ms mode

La rue Jean-Jaurès relie le boulevard qui correspond à l'ancienne limite du Château et le bas de la rue Turgot. Cette rue, plus récente, est liée aux travaux d'élimination des taudis du quartier du Viraclaud et de la prostitution régnant alors dans ce quartier.

Rue Jean-Jaurès connects the boulevard that had been the boundary of the Castle quarter and the end of Rue Turgot. The street has seen a complete facelift to eliminate the slums and prostitution that reigned in the Viraclaud quarter.

Les immeubles de la rue Jean-Jaurès offrent un aspect architectural propre aux années de l'entre-deux-guerres.

Buildings in Rue Jean-Jaurès offer a spectacular view of inter-war years' architecture.

C'EST NON LOIN DE SAINT-MICHEL, toujours dans le quartier du Château, mais place du Présidial, que l'épisode le plus tragique des guerres de Religion à Limoges a lieu deux mois après la succession, à la suite de l'assassinat d'Henri III et donc l'avènement d'Henri de Navarre...

« *Les ligueurs* [de la Ligue ultra catholique] *cherchèrent à transformer l'église Saint-Michel en citadelle pour s'y établir. Le dimanche 15 octobre 1589, les ligueurs, arrivant de tous côtés sur la place du Présidial, tentèrent de délivrer les prisonniers faits quelques jours auparavant, à Veyrac, par les gens du roi Henri IV* [partisans de l'apaisement], *les consuls Étienne Pinchaud et Durand Brugiere essayaient vainement de calmer la foule, lorsque plusieurs coups d'arquebuse furent tirés par les ligueurs... Étienne Pinchaud fut tué à l'entrée du goulet réunissant les places du Présidial et celle qui porte désormais son nom.*

Le bruit de cette mort se répandit vite en ville. La milice sortit en armes. Il y eut des luttes sanglantes entre ligueurs et gens du roi dans plusieurs quartiers. Les ligueurs s'emparèrent de Saint-Michel-des-Lions et des maisons avoisinantes et s'y fortifièrent, puis la nuit venue, ils allumèrent au haut de la tour du clocher le signal convenu pour informer la Cité que Saint-Michel tenait à présent pour la Ligue. Mais les ligueurs perdirent la partie ; arrêtés le mardi 17 octobre suivant, six des meneurs furent condamnés à mort et exécutés à l'endroit même où le consul Étienne Pinchaud avait été tué. »
(Source : abbé Legros cité par Gabriel Barret.)

Place du Présidial, de nuit. C'est encore l'architecte Brousseau qui a bâti ce bâtiment entre 1774 et 1781.

Place du Présidial at night. Another building designed by Brousseau, built between 1774 and 1781.

La petite rue de Gorre, très calme, à la beauté un peu surannée, témoigne du charme du vieux Limoges.

The narrow and very quiet Rue de Gorre, perhaps a little outdated, bears witness to the charm of old Limoges.

L'ancienne bibliothèque est construite en 1896, rue Turgot, par l'architecte Léonard Marsaudon. Les fonctions intellectuelles étaient nombreuses dans ce secteur : en effet, on y trouvait la rédaction du Courrier du Centre en haut de la rue Turgot, celle du Populaire du Centre place Fontaine-des-Barres, ainsi que les locaux de l'Annuaire Dumont et de l'Action française derrière la bibliothèque.

The former library in Rue Turgot was designed in 1896 by architect Léonard Marsaudon. The area was renowned as a bastion of free speech with the editorial offices of two regional newspapers, the Courrier du Centre and Populaire du Centre in Place Fontaine-des-Barres, plus the offices of the Annuaire Dumont, a former newspaper, and Action Française whose offices were located behind the library.

Le pavillon du Verdurier, construit en 1919, est tout d'abord un bâtiment frigorifique, destiné à la conservation de la viande bovine importée d'Argentine, pour faire face aux pénuries de la Première Guerre mondiale. Il est ensuite transformé en gare routière pour les lignes de bus, de 1942 aux années 1970. Depuis 1978, c'est un lieu d'exposition.

Built in 1919, the Pavilion du Verdurier was initially built to be used as a cold store, for storing Argentine beef that had to be imported to cover the shortfall in beef production following the Great War. It then became a bus station from 1942 to 1970 and since 1978 it is an exhibition hall.

Pavillon
du
Verdurier

La place de l'Ancienne-Comédie a successivement porté les noms de rue Saint-François et rue Beuveyr. Elle doit son nom actuel à un théâtre qui a occupé à la fin du XVIIIe et au début du XIXe siècle l'ancien couvent désaffecté. À droite, l'hôtel de la préfecture qui est construit au début du XXe siècle.

Place de de l'Ancienne-Comédie has successively borne the names of Rue Saint-François and Rue Beuveyr. It owes its current name to a theatre that occupied an abandoned convent from the end of the 18th to the early 19th centuries.

L'ancien bâtiment de la Poste et des Télégraphes, place Stalingrad, bâti en 1909, est aujourd'hui partagé entre poste centrale et librairie de la FNAC. L'ancienne chambre de commerce, à droite, boulevard Carnot, est conçue par l'architecte Charles Planckaert, très en vogue en ce début de XXe siècle. La première pierre est posée le 25 mars 1905. C'est ici que s'est rendu le président Poincaré lors de sa venue à Limoges en 1912. Charles Planckaert a aussi réalisé le casino de la ville et l'immeuble des grands magasins de nouveautés Paris-Limoges (actuel siège de la Banque populaire Aquitaine Centre Atlantique, 30 boulevard Carnot).

The former post office (Bâtiment de la Poste et des Télégraphes) in Place Stalingrad, built in 1909 is today part used as the main post office and part used as a library belonging to the FNAC chain. The former Chamber of Commerce on Boulevard Carnot was designed by the very popular 20th century architect Charles Planckaert. The foundation stone was laid on 25th March 1905. French President Poincaré was received in the building during his visit to Limoges in 1912. Planckaert also designed the casino and the Paris-Limoges department store building that is today the regional office of Banque Populaire Aquitaine Centre Atlantique, at 30 boulevard Carnot.

Située sur l'emplacement de l'abbaye Saint-Martial rasée entre 1791 et 1797, la place de la République ne laisse que peu deviner la grandeur passée de ce centre de diffusion de la culture musicale dans toute l'Occitanie. Elle a successivement abrité un théâtre municipal, une salle de casino, des cinémas, des cafés et brasseries. Réaménagée très récemment, elle attend désormais le CIAP (Centre d'interprétation de l'architecture et du paysage).

Located on the site of the former Abbey of Saint-Martial that was razed to the ground between 1791 and 1797, Place de la République gives little indication of its past grandeur as a well-respected regional centre for music. It has since housed a municipal theatre, a casino, cinemas, cafés, and brasseries. Recently refurbished, the building is now home to the CIAP (Centre for the Interpretation of Architecture and Landscape).

Vue sur les toits depuis la place de la République.

View of the roofs from Place de la République.

P.LISSAC

Vues nocturnes de la ville : à gauche l'hôtel Malledent vers la place de l'Ancienne-Comédie ; à droite le boulevard Gambetta.

Views of the city at night, on the left the Malledent Mansion near Place de l'Ancienne-Comédie, and to the right Boulevard Gambetta.

Situé rue Haute-de-la-Comédie, l'hôtel particulier Malledent de Savignac de Feytiat, construit vers 1642, abrite aujourd'hui un des trois sites de la direction régionale des affaires culturelles de la région Nouvelle-Aquitaine.

The Malledent de Savignac de Feytiat mansion built in 1642 in Rue Haute de la Comédie is today home to one of three cultural affairs sites run by the Nouvelle-Aquitaine region

TAXIS

LES EXTENSIONS URBAINES

Urban expansion

Au moment de la Révolution française, Limoges compte environ 20 800 habitants. Sa population stagne depuis trois siècles et cette évolution se retrouve dans les chiffres de 1801 où elle est légèrement en baisse (autour de 20 250). Les seules et rares extensions urbaines sont à proximité immédiate du Château : chapelle et couvent de la Visitation au nord, le long du faubourg de Paris, hôpital général au sud-ouest, l'un et l'autre à la lisière des jardins et des prés.

Cette population va augmenter considérablement tout au long du XIXe siècle pour quadrupler et atteindre 84 121 habitants en 1901. Cette croissance, liée au développement industriel, est due à l'essor de porcelaine, des cuirs, des peaux et de la chaussure. L'explosion démographique est tout à la fois induite par les migrations en provenance des campagnes d'un large centre-ouest et par une démographie fort vivace. Ainsi, en 1911, lors du recensement de population, la Haute-Vienne est l'un des dix départements les plus jeunes de France, où le pourcentage des moins de 20 ans est parmi les plus élevés (38,5 %). Limoges concentre alors 92 181 habitants, soit une croissance de près de 10 % en dix ans.

La ville sort alors de ses remparts et de ses enceintes. Ces dernières sont toutes abattues et sont peu à peu effacées. La porte Tourny est ainsi détruite en 1872.

C'est donc une ville industrielle et prospère qui se déploie le long de l'axe du faubourg de Paris : faubourg Montmailler, quartier des fabriques de porcelaine, quartier des casernes, Beaublanc, Beaupuy, Marceau… Le cœur du Limoges porcelainier se trouve au nord de la ville, après avoir pris naissance en bord de Vienne, il est dorénavant autour de la place Carnot.

Sortons donc du centre-ville et explorons ces extensions urbaines.

«Limoges, ville noire. Telle s'impose à l'aube du XXe siècle, la capitale limousine à la vue du voyageur […]. Les masses imposantes des usines dominent des maisons basses, sales et mal construites, à la façade noircie par les particules charbonneuses que crachent jour et nuit les cheminées des fours à porcelaine.»

Dominique Danthieux, Vincent Brousse et Philippe Grandcoing,
1905, Le Printemps rouge de Limoges,
Culture et Patrimoine en Limousin, 2005.

Hors de l'enceinte des boulevards, légèrement plus au nord, le long de l'ancien faubourg de Paris, l'ancien couvent des Visitandines est érigé au XVIIIe siècle, à l'emplacement d'une première construction du XVIIe siècle. C'est l'architecte Brousseau qui réalise ce bâtiment de facture classique vers 1775. Les religieuses y seront chassées à la Révolution.

Outside the city confines, slightly to the north, along the old faubourg de Paris, is the former convent of the Order of the Visitation of the Holy Mary that was built in the 18th century on the site of the original building dating from the 17th century. The architect Brousseau designed this classical building in 1775. The nuns were expelled following the Revolution.

Après le départ des religieuses, le site connaît plusieurs fonctions. Espace à usage culturel depuis l'automne 2016, il est successivement tribunal révolutionnaire, prison, hôtel du département, caserne militaire et… serre !

Once the nuns had left, the site was first used as a revolutionary court, then a prison, before becoming an administrative building, then an army barracks and even a greenhouse! Since the autumn of 2016 it has been used as a site for cultural purposes.

Durant les années 1970 et 1980, la chapelle de la Visitation est un lieu de théâtre pour des compagnies d'amateurs et pour le CDN de Jean Pierre Laruy, puis de Pierre Debauche. Elle est aujourd'hui un espace de conférence et d'exposition.

During the 1970's and 80's the chapel of the Visitation of the Holy Mary was used as a theatre for amateur dramatics and then served as the National Drama Centre for Jean-Pierre Laruy, then Pierre Debauche. Today it is a conference and exhibition centre.

INDISSOCIABLE DE LA PORCELAINE, Limoges connaît une véritable explosion industrielle et démographique au XIXe siècle. Elle se développe à la suite de la découverte de carrières de kaolin, attestée et certifiée en 1768, à Saint-Yrieix-la-Perche, au sud de la ville. Les premières porcelaines de Limoges datent de 1771.

«Il fallait construire un nouveau four et transformer la faïencerie en fabrique de porcelaine [...] Turgot, intendant du Limousin, présenta [les] *deux chercheurs à de riches négociants de Limoges, Pierre et Gabriel Grellet, qui après bien des hésitations s'intéressèrent à ce projet.»*

Jean d'Albis et Céleste Romanet, *La Porcelaine de Limoges*, Éditions Sous le Vent, 1980.

Le four des Casseaux est l'unique four rond à flamme renversée encore debout en France. Construit en 1902, il a cuit ses premières pièces en 1904. D'une capacité de 80 mètres cubes, il pouvait contenir jusqu'à 15 000 pièces par cuisson. Une fournée exigeait près d'une semaine de cuisson durant laquelle la maîtrise du feu était essentielle. Le four s'est définitivement éteint en 1957.

The Casseaux kiln is the only round oven with an inverted flame remaining in France. Built in 1902, it was used for the first time in 1904. With an internal capacity of 80 cu metres (860 cu ft), it could hold up to 15,000 pieces per firing. It would take almost a week to fire a batch, requiring very close supervision of the flame. The kiln was decommissioned in 1957.

Depuis son ouverture au public en 1992, le four des Casseaux, classé monument historique depuis 1987, est géré par l'association Espace Porcelaine. Celle-ci a pour mission la protection et la valorisation du patrimoine industriel de la porcelaine de Limoges.

Since opening to the public in 1992, the Casseaux kiln, an historic monument since 1987, is managed by the Association Espace Porcelaine.

Les bouleversements industriels et humains vont de pair avec un mouvement de déchristianisation qui se double d'une adhésion aux idées politiques les plus révolutionnaires. Ce qui vaut à Limoges d'être qualifiée de « Rome du socialisme » dès 1848.

En 1895, c'est non loin de la place Denis-Dussoubs, de cette place rouge, au sens littéral du terme, qu'est fondée la Confédération générale du travail (CGT). Et à la ville blanche succède l'image et la réalité d'une ville rouge.

C'est en avril-mai 1905, lors d'affrontements devant la prison où étaient détenus des militants ouvriers libertaires, que se forge cette nouvelle identité. Il n'est pas inutile de rappeler ici la genèse de ce *lock-out* (grève patronale consistant en la fermeture provisoire d'une entreprise).

Le théâtre de l'Union a succédé à l'ancien Ciné Union. Ce dernier était à son ouverture en 1911 un cinéma coopérateur, la deuxième plus grande salle de cinéma de France.

The Union Theatre replaced the former Ciné Union, a cooperative cinema and the second biggest cinema in France, that had first opened its doors to the public in 1911.

Autre bâtiment érigé à la lisière de l'ancienne enceinte du Château, le tribunal est situé place d'Aine, au débouché de trois rues : Darnet, Othon-Péconnet et d'Aguesseau (respectivement découvreur du kaolin, maire de Limoges de 1862 à 1867 et chancelier de France).

The county court in Place d'Aine, in the shadow of the city walls, is at the junction of three streets, Darnet, Othon-Péconnet and d'Aguesseau named after three eminent figures who were, respectively, the person who discovered kaolin, the mayor of Limoges from 1862 to 1867 and the Chancellor of France.

Le conflit débute sur la question et de la dignité du travail et de l'indépendance religieuse.

Le 29 mars 1905, dans l'entreprise de Théodore Haviland, l'agitation commence avec la demande de renvoi d'un contremaître jugé trop autoritaire, puis accusé de droit de cuissage sur les ouvrières.

Le 7 avril, dans l'atelier mécanique de la manufacture de Charles Haviland, frère du précédent, éclate une grève pour réclamer le renvoi d'un chef d'atelier, membre du Sillon, accusé d'avoir renvoyé un ouvrier qui avait fait enterrer civilement son enfant. Les patrons refusent les revendications ouvrières et ils pratiquent le *lock-out* le 13 avril. Dix mille ouvriers se retrouvent au chômage.

Le 14 avril, une manifestation déploie plus de quinze mille personnes en ville ; le samedi 15, la voiture de Théodore Haviland est brûlée dans la cour de son usine. Une première barricade est construite ; une armurerie est pillée ; une bombe explose devant le domicile du directeur de l'usine Charles Haviland.

Le 17 avril, quatre individus en possession d'armes volées sont incarcérés. Le soir, les manifestants se regroupent devant la prison et brisent les battants de la maison d'arrêt. L'arrivée du 78e régiment d'infanterie va évacuer la place. Éclatent alors des coups de feu tirés par l'armée. La mort d'un jeune ouvrier porcelainier, Camille Vardelle, va précipiter la fin du conflit. Le jour de ses funérailles, toute la ville ou presque s'étend en un long cortège funèbre des Ponts où il résidait jusqu'au cimetière de Louyat.

La première pierre du tribunal est posée en 1838. La bâtisse est édifiée sur les plans de l'architecte breton Boullée, sur 2 136 mètres carrés de terrains, concédés gratuitement par la ville de Limoges et issus d'expropriations. Le 2 novembre 1846, la cour impériale est transférée dans ces bâtiments. Un escalier monumental conduit de la place au péristyle et donne accès à la salle des pas perdus.

The foundation stone of the court was laid in 1838. The court was designed by Breton architect, Boullée, on 2,136 sq. metres (23,000 sq.ft) of land that had been given free of charge by the City Council following its compulsory purchase. On the 2nd of November 1846, the Imperial Court was transferred here. The imperial (or double) staircase leads from the square to the peristyle that gives access to the salle des pas perdus (Large antechamber to a court).

La salle d'audience de la cour d'appel expose un portrait du chancelier Henri-François d'Aguesseau. Né à Limoges en 1668, rue du Consulat, fils de l'intendant du Limousin, il est chancelier et garde des Sceaux de 1717 à 1722, puis chancelier de 1727 à 1750.

A portrait of Chancellor Henri-François d'Aguesseau hangs behind the bench in the main courtroom at the court of appeal. Born in 1668 in Rue du Consulat, Limoges, the son of the Steward of Limousin. D'Aguesseau was Chancellor and Keeper of the Seals (Minister of Justice) from 1717 to 1722, then Chancellor again from 1727 to 1750.

L'hôtel de ville de Limoges est construit à l'emplacement de l'ancien forum antique, de 1879 à 1883, sous la direction d'Alfred Leclerc, grand prix de Rome et architecte des palais de Versailles et du Trianon.

City hall was built between 1879 and 1883 on the site of the ancient Roman forum under the guidance of Alfred Leclerc, winner of the 1st Rome Architecture Grand Prix and architect of the palaces of Versailles and Trianon.

La fontaine de l'hôtel de ville, en granite, bronze et porcelaine, est édifiée entre 1892 et 1893. Née d'une collaboration entre les écoles de Paris et de Limoges, elle est l'œuvre de Charles Genuys, architecte en chef du dôme des Invalides.

The fountain in front of City Hall, made of granite, bronze and porcelain, took one year to build, terminating in 1893. It is the result of a collaboration between the schools of Paris and Limoges, following a design by Charles Genuys, architect-in-chief of the dome at Les Invalides in Paris.

Eau recyclée
Non potable

Dans l'escalier d'honneur se dresse la statue du mécène Albert Fournier qui, grâce à un legs, a permis l'édification de l'hôtel de ville. On aperçoit, suspendu au plafond en caissons, un luminaire en porcelaine offert par Bernardaud à la Ville.

A statue of the patron Albert Fournier stands at the top of the Grand Staircase. It was thanks to his legacy that City Hall was built. Hanging from the recessed ceiling panel is a light made of porcelain donated by Bernardaud to the city.

Deux huiles exécutées par le peintre Henri-Paul Motte (1846-1922) ornent le palier du premier étage de l'escalier d'honneur : Passé et Présent : union du Limousin à la France par Henri IV *(1884) et* L'Atelier de Léonard Limosin *(1885).*

Two oils by Henri-Paul Motte (1846-1922) grace the first-floor landing of the Grand Staircase. They are known as Past and Present and portray The Unification of Limousin with France by Henri IV (1884) and Léonard Limosin's workshop (1885).

La salle des mariages présente une peinture d'Urbain Bourgeois, L'Union des époux *(vers 1885).*

The bridal room features a painting "The marriage vows" (circa. 1885) by Urbain Bourgeois.

*Installée depuis 1998, dans l'ancien hôpital général fondé en 1660, la Bibliothèque francophone multimédia (BFM) dispose d'un fonds patrimonial extraordinaire. La salle principale offre une vue en plongée sur une mosaïque gallo-romaine d'*Augustoritum.

The BFM (Bibliothèque Francophone Multimédia – French-speaking Multimedia Library) was opened in 1998 in the former general hospital that had been founded in 1660. The heritage collection is quite extraordinary and well worth the visit. The main room offers a bird's eye view of a Gallo-Roman mosaic of Augustoritum, the Roman name for Limoges.

Le Graduel de Fontevrault, *dit d'Aliénor de Bretagne, est un manuscrit enluminé contenant les chants de l'année liturgique, à l'usage des religieux de l'ordre de l'abbaye de Fontevraud, maison-mère de l'ordre de Fontevraud. Les armoiries d'Aliénor de Bretagne (1275-1342) sont apparues plus tard. Issu de l'atelier de Nicolas Lombard, ce manuscrit est un document extraordinaire pour comprendre les chants grégoriens des XIIIe et XIVe siècles. Ici, les rois mages apportant les présents à l'Enfant Jésus, or, myrrhe et encens.*

The Fontevraud Gradual (or, the Gradual of Eleanor of Brittany) is an illustrated manuscript containing a complete liturgical year of Gregorian chants, for use by the monks of the order of the abbey of Fontevraud, considered to be the source of the order of Fontevraud. The coat of arms of Eleanor of Brittany (1275-1342) appeared later. Discovered in Nicolas Lombard's workshop, this manuscript is of an extraordinary importance for understanding 13th and 14th century Gregorian chants. Here, the Three Kings can be seen bringing gifts of gold, frankincense and myrrh to the Infant Jesus.

Œuvre des architectes Rauby et Marty, le palais des sports de Beaublanc est le temple du basket du club du CSP (Cercle Saint-Pierre). Inauguré en novembre 1981, il a été pendant dix ans le plus grand stade de basket-ball français. Il a aussi accueilli des concerts jusqu'en 2007. Il peut recevoir environ 5 500 spectateurs.

Beaublanc sports hall, designed by the architects Rauby and Marty is the home of Limoges CSP, the pro basketball team. Opened in November 1981, it was, until 1991, France's biggest basketball stadium. Also used for concerts until 2007, it can accommodate 5,500 spectators.

Fondé en 1929, le CSP a accédé à la première division en 1978, avant de remporter sa première coupe de France en 1982, la coupe Korač. Vainqueur de plusieurs prix, dont onze fois celui de champion de France, il est le premier club français de sport collectif à décrocher une coupe d'Europe des clubs champions, en avril 1993. Ces deux hommages, l'un à Frédéric Forte (1970-2017), joueur puis entraîneur du CSP, l'autre à Richard Dacoury (1959) dit « Dac », joueur du CSP, sont récents (2020 pour le premier, 2017 pour le second) et signés par une artiste d'origine corrézienne, Sêma Lao.

Founded in 1929, Limoges CSP was promoted to the first division in 1978, prior to winning its first France Cup, the Korač cup. Winner of several trophies, including eleven French championships, it was the first French sports team (all team sports considered) to win a European Clubs Champions Cup, in April 1993. The two portraits, by Sêma Lao, an artist based in the Correze, of Frédéric Forte (1970-2017), a CSP player, then its coach, and Richard Dacoury (1959), known as "Dac", a CSP player, were painted in 2020 and 2017 respectively.

CONCLUSION

Conclusion

LIMOGES, VILLE HUMBLE ET rebelle. Limoges s'est ainsi ici quelque peu dévoilée, elle qui est si pudique et modeste. Combien de fois n'avons-nous pas entendu qu'il ne fallait pas «*rouler sur motorisé*»? Au sens de n'exposer aucune ostentation dans une ville pourtant liée à l'exposition du culte des reliques…
Nous avons croisé successivement une sainte céphalophore, Valérie; le treizième apôtre du Christ, Martial; un moine copiste, Adémar de Chabannes; le Prince Noir; le marchand drapier cupide, Gautier Pradeau; des ligueurs ultras catholiques et un consul victime de leur fureur, Étienne Pinchaud; l'épouse de l'intendant Fouquet, Marie-Madeleine de Castille; un auteur en disgrâce, Jean de la Fontaine l'accompagnant dans son exil; un chancelier de France, Henri-François d'Aguesseau; un voyageur britannique admiratif, Arthur Young; l'abbé réfractaire Chabrol; un mercier devenu maréchal, Jean-Baptiste Jourdan; des bouchères et des bouchers; des décoratrices et des ouvriers de la porcelaine, dont Camille Vardelle assassiné au début du XXe siècle par des balles françaises; un chroniqueur judiciaire, découvreur de Picasso, André Salmon; un instituteur communiste, devenu préfet du maquis, Georges Guingouin alias *Lou Grand,* compagnon de la Libération et maire de Limoges de 1945 à 1947; des basketteurs talentueux et des artistes formidables et secourus, Izis, Reichenbach, Lowenthal, Gainsbourg…
Cependant à de rares exceptions, Limoges cache le plus souvent ses richesses patrimoniales, ne les livrant que parcimonieusement.
Modeste, humble…
Mais si cette modestie, cette humilité remontait à François Rabelais (vers 1483-1553) qui a écrit : «*Comment Pantagruel rencontra un Limosin, qui contrefaisoit le langaige Francoys* […] *Que diable de langaige est cecy? Par dieu tu es quelque heretique?*»
Hérétique, rebelle… lorsque des ouvriers de la porcelaine se soulèvent et prennent d'assaut la prison en 1905.
Libertaire, assurément, dans une région marquée de cette empreinte. Comme l'a fort justement relevé André Salmon. Toujours lui. «*Le prolétaire de Limoges n'est pas pareil aux autres.* […] *Limoges est moins près du Paris d'après-guerre que du Barcelone des pistoleros. Limoges a un vieux fond anarcho-syndicaliste.*»
Pierre Christin et Enki Bilal, dans *Les Phalanges de l'Ordre noir* paru en 1979, choisissent le plateau de Millevaches, proche de cette ville, comme lieu d'affrontement final (et de triomphe) des anciens des Brigades internationales de 1936, face au fascisme… Et Antonio Altarriba, dans une autre bande dessinée, plus récente, *L'Art de voler*, parue en 2010, montre comment son père anarchiste libertaire espagnol a trouvé refuge, solidarité, fraternité et liberté en Limousin, rejoignant ici les combats du maquis…
Cependant, Limoges entretient un rapport trouble à son passé. «*Elle blanchit sa mémoire comme la porcelaine*», l'effaçant, comme aime à dire Richard Madjarev, un fils de porcelainier…

Terminons par le marché Marceau du nom de ce jeune général, François Séverin Marceau-Desgraviers, mort à l'âge de 27 ans, en Allemagne. Engagé volontaire en 1785, il a participé aux combats en Vendée, puis dans l'armée de Sambre-et-Meuse. Devant l'ancienne caserne Marceau, fermée depuis plus de dix ans, se déploie chaque samedi matin, un marché très bigarré et très populaire, où se côtoient les populations les plus cosmopolites de la ville. Il offre de l'alimentaire, des fleurs, du textile, des fleurs, des produits issus de l'agriculture biologique et des objets du quotidien.

We conclude our photographic stroll through Limoges with a few shots of Marceau market, named after the young general, François Séverin Marceau-Desgraviers, who died at the age of 27 in Germany. He had volunteered in 1785 and took part in the fighting in the Vendée, then in the Sambre-and-Meuse army. Every Saturday morning, in front of the abandoned Marceau barracks is held a very colourful and popular market where the City's different populations rub shoulders. There you will find food, flowers, textiles, organic foods and everyday items.

BIBLIOGRAPHIE

Bibliography

Atlas du Limousin, Pulim, 1994.
Jean-Marie Allard et Stéphane Capot, *Une histoire des ostensions en Limousin,* Culture et Patrimoine en Limousin, 2007.
Jean d'Albis et Céleste Romanet, *La Porcelaine de Limoges*, Éditions sous le Vent, 1980.
Émile de La Bédollière, *La Visite d'un Parisien à Limoges,* 1841, réédition La Geste éditions, 2017.
Laurent Bourdelas, *Les Bouchers du Château de Limoges,* La Geste éditions, 2019.
Laurent Bourdelas, *Le Grand Dictionnaire du Limousin,* La Geste éditions, 2018.
Vincent Brousse, *Figures de la Haute-Vienne au temps de Napoléon Ier*, Conseil général de la Haute-Vienne, ADHV, 2004.
Vincent Brousse et Philippe Grandcoing, *L'Affaire Barataud, une enquête dans le Limoges des années 1920,* La Geste éditions, 2022.
A. Cantillon de Tramont, *Le Limousin*, Ducourtieux, 1890.
Auguste Clément, *Le Capitaine des Meurt-de-Faim, histoire Limousine,* Les Ardents Éditeurs, 2016*.
Dominique Danthieux, Vincent Brousse et Philippe Grandcoing, *1905, Le Printemps rouge de Limoges,* Culture et Patrimoine en Limousin, 2005.
Jean-Michel Desbordes et Jean-Pierre Loustaud, *Limoges Antique*, Imprimerie nationale, 1991.
Lucas Destrem, *Dictionnaire des rues de Limoges,* Éditions Mon Limousin, 2019.
Jean-Marc Ferrer et Philippe Grandcoing, *Une histoire de Limoges*, Culture et Patrimoine en Limousin, 2006.
Philippe Grandcoing, *Limoges de A à Z,* Éditions Sutton, 2010.
Philippe Grandcoing, *Limoges et la Révolution,* Les Ardents Éditeurs, 2016.
Louis Jourdan, *Un prisonnier au temps de la guerre en dentelles,* Revue de France, 15 janvier 1929.
Michel Laguionie, *Petit Dictionnaire maçonnique des rues du Limousin,* Le Puy Fraud éditeur, 2011.
Camille Leymarie, *Les Misérables du Limousin,* Les Ardents Éditeurs, 2013*.
Geneviève Maussé-Cibot, *Histoire des bouchères de Limoges,* Éditions Flanant, 2004.
Alain Monteaux et Jean Jouhaud, *Un tramway nommé Limoges,* Éditions Matus, 2016.
Roger Nimier, *Les Enfants tristes,* Gallimard, 1951.
Clément Rochel, *Burgou et Bugeaud, Le Courrier du Centre, 1908,* présenté et annoté par Vincent Brousse, Éditions Mégalithes, à paraître.
André Salmon, *Le Secret de Barataud,* Éditions Émile-Paul frères, 1934.
Shimazaki Tozon, *L'Étranger,* 1914.
Patrick Vigier, *Le Cimetière de Limoges,* La Geste éditions, 2022.
Georges Veyrinaud, *Histoire de Limoges,* CRDP Limoges, 1973.
Arthur Young, *Travels in France during the years 1787, 1788 and 1789,* 1792.
Chanson des enfants de la Vienne, Rue de la Mauvendière, 1985.
Le site ponticaud.fr

* Ouvrages préfacés et présentés par Ingrid Nys et Vincent Brousse.

CRÉDITS PHOTOGRAPHIQUES

Photo credits

Toutes les photographies sont de Chanel Koehl, sauf celles p. 10 : photographie de Thierry Moreau et p. 11 : Shutterstock/Andrew 001.

REMERCIEMENTS

Acknowledgements

Les auteurs tiennent à remercier toutes les personnes qui ont facilité et aidé à la réalisation de cet ouvrage, en premier lieu Éric Boutaud, mais aussi Laurent Bourdelas, Joëlle Bourlois, Agnès Brahim-Giry, Éric Briot, Claire Caland, Paul Colmar, Laurence Guédet, Thomas Hirat, Sandrine Javelaud, Pauline Lefebvre, Muriel Laskar-Janiak, Thierry Moreau, Lydia Mousnier, Gilles Ratier, Mathilde Tavella, Michel Toulet et Bernadette Cibot-Voisin.
Ainsi que le maire de Limoges, le président du conseil général de la Haute-Vienne, le directeur de la BFM, le président de la cour d'appel de Limoges, le directeur du musée du BAL, la directrice du musée de la Résistance de Limoges, le Four des Casseaux - Espace Porcelaine, les employés du Palais des sports et de tous les lieux précités.

Retrouvez les travaux de Chanel Koehl
sur sa page Facebook
https://www.facebook.com/chanelkoe

Éditrice : Emmanuelle Le Goff-Casals
Traduction anglaise : David Wilson

Éditions Sutton
6, place Jean Jaurès
37000 Tours

Première édition 3e trimestre 2023

Les Éditions Sutton bénéficient du soutien de Ciclic - Région Centre-Val de Loire dans le cadre de l'aide aux entreprises d'édition imprimée ou numérique.

ISBN 978-2-8138-1407-4
Dépôt légal 3e trimestre 2023
Imprimé en UE par TypoLibris - N° 23080309